KB189965

명상 매뉴얼

THE MANUAL OF MEDITATION

명상 매뉴얼

THE MANUAL OF MEDITATION

배철진 지음

자유문고

서문

오래전, 갈등을 하고 선택을 해야 한다는 사실이 무척 힘겨운 시절이 있었다. 누구는 배부른 처지라 그깟 것을 고민했느냐고 할지도 모르나, 그때는 지난 50여 년의 삶에서 경제적으로 종교적으로 가장 바닥을 치고 있던 시기였다. 모든 희망과 신뢰를 상실하고, 삶에 대한 포기를 강요당하는 버려짐의 계절이었다. 절명絶命을 마주한 시간, 의식에 가장 큰 문젯거리가 갈등이었는데, 주워 담아야 할 가치가 전혀 보이지 않는 상황에서도 의식은 매일 선택에 내몰리고 있었다. 한편으론 인간의 이런 구조가 궁금하기도 했으나, 상실의 상황을 대체하기엔 역부족이었다. 삶의 연명延命에 짜증이 나던 어느 날, 의식에 벼락을 맞았다. 의식은 새로운 영역에 들었고, 그곳에는 애를 먹이던 선택과 갈등이 없었다. 그것은 삶을 다시 이어갈 한 가닥 동기로 충분했다.

삶에 동기가 생겼다고 문제가 해결되지는 않았다. 포기하고 도망가려던 상황이 이제 숙제를 한 아름 껴안은 꼴이 되었다. 지난한 시간이 흐르고 놓쳐버린 무릉도원을 좇느라 삶은 너덜너덜 조각이 나버려 걸치고 있기도 민망했다. 그래도 삶은 자신에 대한 신뢰를 저버리지 않았는데, 오래전 발을 들여 본 그 곳은 배경의 차원임이 드러났다. 그것은 대단하지도 거룩하지도 않은, 가장 평범한 일상 속 우리와 함께 있는 근원이었다. 그것은 인간이 망각하고 살아가는 우리의 또 다른 영역이다. 우리가 겪는 갈등과 고통은 그 배경을 상실하고 있기에 찾아오는 결핍일 뿐이다. 인간은 행복할 수 있고 그럴 권리를 가졌다. 배경은 원래 우리의 일부이기 때문이다.

배경으로 가는 길은 명상이다. 명상은 사람들에게 호불호가 분명히 갈리는 용어이다. 어느 쪽에 서 있든 명상이 제대로 이해되는 경우는 드물다. 전통적으로 종교와 철학이 너무 과대한 옷을 입혀 놓았기 때문이다. 필요하긴 하지만, 너무 멀고 어려운 길로만 보인다. 심지어 위대한 무엇이나 권력으로까지 변질되어, 그 길을 가는 이들이 서로에 대한 배려와 격려보다 질투와 경쟁에 더 민감하기도 하다. 명상은 영웅들이나 쟁취하는 업적이 아니라, 모든 이가 보편적으로 가져야 할 삶의 방식이다. 현대는 과거 주옥같은 종교, 철학적 문헌들이 만들어지던 시대와는 무척 다르다. 소수 엘리트만이 누리던 의식의 조건과 환경이 수천만 명으로 대중화되었다. 붓다와 예수와 노자의 의식이 홍수처럼 쏟아져도 이상하지 않을 현실이 되었다. 그만큼 명상의 길은 우리 가까이 있다.

명상은 인간이 아직 제대로 개척하지 못한 우리 의식에 대

한 탐구이다. 그래서 명상은 과학이고 체계적 훈련을 필요로
한다. 배경의 영역이 일상으로 들어와야 하는 것은 인간의식
이 배경을 통해서만 진정한 균형을 이룰 수 있기 때문이다. 인
류는 지금껏 지나치게 물량적 세계에만 관심을 가짐으로써 비
물량적 영역을 망각하고 있었다. 그것은 새롭게 쟁취해야 하
는 것이 아닌, 우리 존재의 뒷모습이고 바닥 면이다. 배경의식
은 우리 일상으로 복귀되어야 하고, 그럴 수 있는 시기가 무르
익었다. 그러나 마음이라는 일반의식이 장애 요소로 놓여 있
다. 마음은 명상의 일차적 작업 대상이고, 명상과정은 배경의
귀환을 위한 마음과의 전쟁이다.

배경의식의 귀환은 고통으로 가득한 세상을 유지하려는 자
와 새로운 질서를 세우려는 두 세력 간의 전쟁으로 묘사될 수
있다. 의식의 세계에 일개 관리자이던 마음은 어느 날 하나의
시스템을 구축했고, 처음엔 모두 그것이 혁신이고 능률인 줄
알았다. 그러나 마음이 구축한 시스템은 의식들을 점점 이미
지에 중독시켰고, 결국 의식들은 이미지에 갇히게 되었다. 의
식들은 차츰 생기를 잃고 감응력을 상실하기 시작하고 시스템
의 노예로 전락했다. 의식의 모체인 배경의식은 이러한 마음
의 폭정을 잠시 허용하며 깊은 잠으로 들어갔다.
　태고의 상태가 잊혀 가던 어느 시점, 몇몇 의식들이 시스템

의 문제를 인식하기 시작하고 마음에 저항하기 시작하나, 모든 노력이 역부족이다. 마음은 절대 다수의 의식들로부터 지지를 받고 있으며, 그의 시스템은 그만큼 견고하다. 저항자들에게 희망은 오직 배경의식뿐이다. 그의 귀환만이 마음의 독재를 종식시킬 수 있다. 이제 저항자들은 마음의 권력이 미치지 않는, 그리고 배경의식이 잠들어 있는 경계 밖으로 나가려 한다. 저항자들이 의지하는 것은 단지 '집중과 물러남'뿐이다. 이것만이 마음의 파수꾼들을 무력화시킬 수 있다.

저항자들은 마침내 그 경계에 다다르고, 마음이 무력화된 지점에서 경계를 넘는다. 이제 배경의식이 눈을 뜬다. 그러나 배경의식은 아무것도 하지 않는다. 마음도, 저항자들도, 이미지에 갇혀 모든 것을 망각하고 있는 저 가련한 의식들도 모두 배경의식의 자녀들이다. 배경의식만 깨우면 모든 것이 해결되리라 여겼던 저항자들은 다소 당혹스럽다. 그러나 포기할 수도 없는 일이다. 비록 소수이나 저항자들은 마음과의 전쟁을 시작한다. 그들이 전쟁을 선포할 수 있는 것은 배경의식이 깨어남으로써 망각의 감옥에 있던 의식들이 스스로를 자각하기 시작했다는 사실 때문이다.

배경의식의 비추임으로 마음의 독재가 세상에 폭로되기 시작하자, 저항세력은 점점 커져 전면전도 가능하게 되었다. 오랜 세월 견고한 세력을 구축한 마음의 저항도 만만치 않다. 전투는 마음을 제 위치로 되돌리고, 이미지에 갇혔던 의식들에 게 감응력을 돌려주는 그 지점까지 계속될 것이다. 전쟁은 이 제 장기전으로 돌입하고, 밀고 당기는 양상이 계속된다. 배경 의식은 깨어 있으나 전쟁의 승패에 관심이 없다. 단지 자각한 의식들을 결집하는 힘이 그곳에서 오고 있을 뿐이다. 끝이 보 이지 않는 길 위에 서 있는 저항자들, 그리고 배경의식은 그들 을 바라본다.

이 책은 자각한 저항의식들이 마음과의 전투에서 필요로 하 는 실전기술을 소개하고 있다. 명상에 대한 이론적인 면도 충 분히 설명하고 있으나, 우리 모두가 당장 실행할 수 있는 구체 적 매뉴얼을 보여준다. 감추어진 것은 없으며 모든 것이 선명 히 드러나고 있다. 아직 모르는 것이 있다면 스스로 그곳에 발 을 들여 보지 않았을 뿐이며, 자신이 내딛는 그 여정에서 스스 로 알게 될 것이다. 삶에서 행복과 충만을 접하고 싶다면 배경 의식을 복귀시켜야 한다. 배경은 인간이 춤을 추는 무대이다. 어떤 형태이든 무대가 없으면 공연은 가능하지 않다. 우리의 슬픔과 상실감은 무대의 부재에서 온다.

2018년 9월
가을이 오는 어느 지점에서, 배철진

제1부 **이성의 길**

인간 존재의 만족은 '행복'이라는 용어로 표현되는데, 이것은 형이하학과 형이상학이 얽힌 매우 미묘한 상태를 지칭한다. 행복의 난해함은 이것이 인간의식에 기초를 두고 있기 때문이며, 의식에 대한 탐구 없이 인류의 번영을 기대하기는 불가능하다. 특히 AI(Artificial Intelligence: 인공지능)가 인간과 공존하고 있는 오늘날, 일상의 모든 외적 활동은 물론 인간의 고유 영역으로 여겨지던 지성과 창조 활동까지 인공지능과 함께 나누고 있다. AI는 단순한 인간의 도구가 아니라 인류에 의해 탄생한 인간의 한 변종이며, 인류와 동등하게 여겨져야 할 새로운 종(species)이다.

인간의 미래를 위협하는 것에는 정치의 극단적 양상과 환경 파괴, 인간성 상실, AI의 출현 등 많은 요인들이 거론되고 있는데, 그 바탕에는 '인간의식의 부조화'라는 공통 요소가 들어 있다. 이에 대한 해결은 의식에 대한 실제적이고 체계적인 탐구를 바탕으로 가능한데, 명상이 그 구체적이고 직접적인 방법이 된다. 철학, 종교학, 문학, 의학, 예술 등 현대의 많은 분야에서 인간의 의식을 다루고 있긴 하지만, 명상에 비하면 모두 간접적인 접근이라 할 수 있다. 제1부에서는 명상과정에서 발생하는 의식 현상을 토대로 명상에 대한 설명을 시도한다. 대부분의 이론들처럼 주관적으로 느껴질 수도 있으나, 명상에 대한 경험을 바탕으로 한 이들에게는 충분히 소화될 수 있는 논리와 용어로 접근하고 있다. 그래서 가급적 특정 문화권의 특수 용어는 자제하려 하였다.

우선 명상의 필요성과 개념을 다룬다. 명상은 모든 문화권에 보편적으로 발견되는 개념이며, 종교나 철학적인 필요성을 가지고 있지만, 인간 자신에 대한 탐구 방법으로 더 절실하다. 명상의 본질은 속성, 단계, 도구, 형태, 대상이라는 5가지 측면을 통해 고찰된다. 다음으로 명상의 구조를 '판단하는 의식'과 '판단하지 않는 의식'이라는 2개의 차원으로 나누어 밝히는데, 여기에 현대 IT 용어로 많이 사용하는 플랫폼platform의 개념을 대입하여 설명한다. 명상의 목적은 철학적 명제를 구체적으로 삶에 실현하는 것이다. 모든 철학은 인간의식이 놓여야 할 이상적인 상태를 설명하고 있으며, 이것은 인간의식의 조화를 통해 가능하다. 명상은 이 '조화'를 부여하는 방법론이다.

1. 필요성

인류는 장구한 세월 동안 철학이라는 문명적 요소를 발전시켜왔다. 이것은 다른 영장류와 달리, 생물학적 요소에 기반을 둔 각 개체와 집단의 생존을 넘어 인간이 가치라는 형이상학적 영역에 진입한 것을 의미하며, 단순 생물체에서 다중적 의식체로 자신의 차원을 확장함으로써 가능했다. 철학은 그 수준의 정도를 떠나 의식의 차원을 확보할 때 가능한 활동이다. 인류는 다른 경쟁자들에 비해 의식의 영역에서 우위를 점하였고, 최소한 물리적으론 그들을 압도하는 문명이란 것을 탄생시켰다.

문제는 문명의 우위가 개체와 집단의 행복을 보장해주지 못한다는 사실이다. 인간의 의식은 외부 세계에 대한 적응력과 지배력을 높였지만, 이와 함께 자신의 내면에 다층적 의식의 부조화라는 부작용을 낳게 되었다. 의식은 인류가 확보한 탁월한 경쟁의 무기였으나, 동시에 자신의 고통을 배가시키는 저주의 씨앗이었다. 인류가 겪는 고통의 대부분은 의식의 부조화에서 오며, 현대에 와선 생물학적 고통의 상당부분도 의식에 뿌리를 두고 있는데, 정치·사회적 모순이 곧바로 개인의 경제적 불안정과 질병으로 연결되고 있기 때문이다.

문명의 초기에 인류는 철학을 통해 의식이 야기하는 문제를 해결하려 노력하였다. 서구의 중세와 현대의 영향으로 철학이 단순히 사변적 작업이라는 편견이 팽배해있고, 소위 철학자라는 이들도 그 사변思辨에만 갇혀 있는 경우가 많으나, 사실 철학은 문제에 대한 사변적 논의와 더불어 그 구체적 해결법에 대한 실천을 포함하고 있다. 이 실천은 각 문화에 따라 다양한 형태를 띠었지만 크게는 두 가지, 즉 종교[1]와 의식에 대한 직접적인 탐구라는 형태로 나뉠 수 있다. 이 의식에 대한 직접적 탐구가 명상이다. 그래서 명상은 철학적 목표를 확인하고 실제화하는 문명의 정점에 있는 과정이다.

명상은 철학의 실천적 측면으로 모든 문화권에 존재한다. 인도의 베단타Vedanta 철학에선 "나는 브라흐만이다(Aham brahmāsmīti)"(Bṛhad-āraṇyaka Upaniṣad: I.4.10)를 최종 명제로 놓고, 명상의 목적을 "개별의식(jivatman)과 모든 곳에 편재하는 순수의식(Paramatman)의 합일"[2]로 여긴다. 즉 베단타의 명

---

1   종교의 제도, 법률, 학문과 문화적 요소들로서 예식과 기도의 요소들도 포함하는 의미로 사용하였으며, 이러한 영성적(spiritual) 노력들이 간접적이라는 판단에 명상과 대비되는 범주로 묶었다.

2   Adiswarananda. *Meditation & Its Practices - A Definitive Guide to Techniques and Traditions of Meditation in Yoga and Vedanta*. p.59.

상은 인간을 이 통합된 원천적 상태로 되돌리는 것이다.[3] 그래서 우빠니샤드(Chāndogya: III.14.1)는 "이 모든 것은 브라흐만 Brahman이다. 그것으로부터 우주가 나왔고, 그 안에서 우주가 사라지며, 그 안에서 우주가 숨을 쉰다. 그래서 인간은 고요함으로 브라흐만을 명상해야 한다"[4]라고 얘기한다. 명상은 베단타 철학의 숙명적 과제이며, 명상이 없으면 더 이상 인도철학이 아니다. 명상을 통해 비로소 인간은 브라흐만의 차원을 확보한다. 그 과정이 어떠하든 인간은 명상을 통해서만 자신의 철학적 과제, 곧 의식의 문제를 해결할 수 있다.

불교 문화권에서도 크게 다르지 않은데, 그 철학의 정수는 『반야바라밀다심경』의 "색불이공色不異空 공불이색空不異色, 색즉시공色卽是空 공즉시색空卽是色"으로 잘 표현되어 있다. '색色과 공空'의 이원성 극복이 불교철학의 요체이다. 이원성은 논리가 아닌, 직관을 통한 앎으로 해소되는데, 이 과정이 수행이고 불교의 명상이다. 또한 『육조단경』엔 자기자성自己自性을 스스로 체득해야 하는 과제를 제시하고 있다.[5] 베단타 문화에서처럼 불교에서도 그들의 기본 과제는 명상이며, 그 철학적

---

3   David Frawley. *Vedantic Meditation – Lighting the flame of awareness.* p.10.

4   Adiswarananda. *Meditation & Its Practices.* p.62.

5   청화 역주, 『육조단경』, pp.25~26.

동기가 '현상의 이원성을 넘은 통합'이라는 공통분모를 가지고 있다. 모든 이론엔 실천적 검증이 동반되어야 한다.

명상의 필요성은 굳이 특정 철학의 그늘을 빌리지 않고도 충분하다. 의식을 자기 삶의 주된 도구로 사용하는 인간은 이 도구를 갈고 다듬을 수밖에 없는데, 그것의 직접적인 방법이 명상이다. 인간은 명상을 통해 자신의 문제를 해결할 뿐 아니라, 의식의 본질을 탐구하게 된다. 현대엔 심리학과 신경과학을 통해 의식의 문제에 접근하고 있다. 그러나 이들의 방법은 너무 느리고 간접적이다. 미세한 차원에서 펼쳐지는 의식 활동이 거친 기계의 수준으로 환원되지 않고는 그 모습을 들여다볼 수 없기 때문이다. 의식을 제외하곤 의식의 본질에 닿을 실질적인 방법이 없다. 특히 인간존재의 가장 큰 난제인 '의식의 부조화'는 사변적 논리나 생물학적 변형, 혹은 장치적 조작으로 해결할 수 없는 문제이다.

2. 개념

명상은 다양하게 그 개념이 설명될 수 있고, 각각의 정의는 명상이 가진 다중 측면을 표현하는 수단이 된다. 그러나 시대와 문화권에 따른 다양한 설명이 오히려 큰 혼란을 야기하기도 하는데, 이것은 명상을 실제 행하지 않으면서 문자를 통해 그 본질을 파악하려는 어리석음 때문에 발생한다. 이미지로 이루어진 개념화된 세계와 판단하지 않는 의식을 배경으로 펼쳐지는 세계는 전혀 다르기 때문이다. 명상엔 관한 몇 가지 오해를 스와미 아디스와라난다(Adiswarananda, 1925~2007)의 지적으로 살펴보면 다음과 같다.

"우선 명상은 집중 그 이상이다. 명상은 명상자와 명상의 대상이 하나되는 의식의 과정으로, 집중은 이 과정의 초기 단계이기 때문이다. 집중이 노력 없이 이루어지고 지속적일 때 다음 단계로의 진입이 가능하다. 명상은 숙고하는 추리가 아니다. 추리는 대상에 대한 명확한 개념에 도달하면 만족되지만, 명상은 그것의 직접적 인식을 추구한다. 추리는 뇌의 작용이고, 명상은 그 작용을 바라보는 관찰이다. 추리에 의한 이성적 확신은 인간의식의 부조화를 해소하지 못한다. 명상은 관상(contemplation)과 다르다. 관상은 신성(Divine)에 대한 생각이지만, 명상은 그것을 향한 의식의 자발적 흐름이다. 명상은 시작 단계에서 노력, 신앙적인 글, 의인화된 이미지와 상징 등을 사용할 수 있지만, 최종적으로 그 신성에 녹아들어 형태와 이름과 개념을 넘어서는 것이다."[6]

---

6   Adiswarananda. *Meditation & Its Practices*. pp.4~5.

명상은 일종의 '퇴화과정(devolution)'[7]이다. 명상은 일차적으로 현상계의 대상을 선정하고 집중을 시작한다. 이것은 관찰 행위이다. 이 작업은 처음엔 중심점이 현상의 대상에 있지만, 다음 단계에선 외적 대상을 버리고 중심점이 집중하는 의식으로 옮겨간다. 이것은 외부 대상에서 '판단하는 의식'으로의 복귀이다. 이 지점에서는 '판단하는 의식'이 명상의 대상이 되고, '판단하지 않는 의식'이 일반의식을 관찰한다. 다음 단계에선 중심점이 '판단하는 의식'에서 '판단하지 않는 의식'으로 옮겨간다. 이것은 '판단하는 의식'에서 원형적 의식인 '판단하지 않는 의식'으로의 복귀이다. 명상은 존재의 가장 외적 차원인 현상에서 근원적 차원인 판단 없는 의식으로의 퇴화이다.

명상은 '판단하는 의식'인 생각의 멈춤에서 시작한다. 명상의 대상이 무엇이 되었든 그 대상을 이용하여 생각을 멈춘다. 이 멈춤의 작업을 숙달시킨다 함은 생각의 작용을 조절할 수 있게 된다는 뜻이다. 곧 생각을 경작한다고 할 수 있다. 명심해야 할 것은 명상이 인간 삶에서 생각을 제거하는 것이 아니라는 사실이다.[8] 베단타에 의하면, 명상은 브라흐만에서 마음을

---

7   *Ibid.* p.297.

8   베단따 철학과 빠딴잘리Patañjali 요가철학의 사마디Samadhi에 대한 개념이 다르다. 빠딴잘리의 요가 시스템은 상키아Sāṃkhya 철학에 근거해, the Self와 the non-Self의 분리를 목적으로 하기에, 그들

떼어내지 않는다.[9] 명상은 생각을 이전과는 다른 형질로 변형시킨다. 생각의 경작으로 얻는 수확은 생각의 주체, 곧 마음으로부터 물러남을 자유로이 함이다. '판단하는 의식'을 상황에 따라 자유로이 사용하거나 하지 않을 수 있다는 의미이다. 이 차원에서 비로소 '의식의 부조화'가 균형을 찾는다. 판단하지 않는 차원이 확보되어야만 판단으로 발생한 의식의 부조화가 통합을 이룬다. 명상은 '통합된 존재의 차원'[10]이다. 통합은 조화, 그리고 하나됨을 의미한다.

3. 본질

1) 속성

명상의 첫째 속성은 '마음-넘어'이다. 샹카라(Śaṅkara, 서기 788~820)는 명상을 "이미지로부터의 자유"(Vivikacūḍāmaṇi: 363)라고 한다. 이미지는 마음의 산물이고, 마음을 넘어

의 최종 목표인 asamprajanta-samadhi엔 현상 세계의 한 영역인 마음이 들어설 자리가 없다. 그러나 베단따의 최종 목표인 nirvikalpa-samadhi는 모든 현상계를 품음으로 인해, 브라흐만Brahman 속에서 마음을 허용한다.

9 　Adiswarananda. *Meditation & Its Practices*. p.60.
10 　배철진, 『집중과 물러남의 요가철학』, p.147.

있다는 것은 모든 개념을 벗어난 차원을 확보한다는 의미이다. 그러나 이것이 마음을 제거하지는 않는다. 명상은 이미지와 이미지 밖의 차원을 통합하는 것이다. 일상의 의식이 마음으로 인한 이미지에만 갇혀 있기에 명상은 우선적으로 그 이미지 밖의 차원을 확보해야 한다. 명상의 목적은 인간이 가진 이미지의 세계를 파괴하고 일상적 인간 삶을 훼손하는 것이 아니라, 인간의 일상을 건강하고 성숙하게 향유하기 위함이다. 이미지에 매몰된 인간은 개념의 이원성으로 인해 끊임없는 모순과 자기-투쟁에서 벗어날 수 없다. 명상은 이미지의 감옥에서 탈출하는 유일한 출구이다. 마음을 넘어 있다는 의미는 마음의 영역을 포기하거나 버리는 것이 아니라, 확장을 통해 새로운 영역을 얻는다는 의미이다.

명상의 둘째 속성은 직접성이다. 직접성은 공간과 시간의 두 측면을 가진다. 공간적 직접성은 중간 매개를 가지지 않은 접촉이다. 결국 이것은 두 영역의 간격을 배제함이고, 두 영역이 구분되지 않는 상황을 의미한다. 이 상황은 경계가 없으므로 타자他者를 허용하지 않음이다. 샹카라는 "모든 것을 인식하나, 아무것도 인식하지 않는다"(Vivikacūdāmaṇi: 129)라고 명상을 묘사한다. 인식의 주체와 객체가 없음이 직접성이다. 상호작용이 아닌, 함께 있음이 공간적 직접성이다.

시간적 직접성은 변화 없음이다. 시간 안의 무엇은 반드시 변화를 겪으며, 시간은 근본적으로 변화를 표현하는 좌표축이다. 인도 전통에서 실재성(reality)의 전제는 '변화로부터의 자유로움'이다. 마음은 끊임없는 변화의 연속이며, 마음 밖의 차원은 변화를 허용하지 않는다. 인간 현상이란 변화 없는 배경 위에서 벌어지는 변화의 춤이다. 명상은 변화의 흐름에서 발을 내려놓음이고, 시간의 궤도에서 벗어나 실재성에 머무는 것이다.

명상의 셋째 속성은 하나됨이다. 비-이원성은 베단타와 불교철학의 근본 과제이다. "자신의 조화를 이룬 자는 모든 존재 속에 거주하는 실체를 보고, 실체 속에 있는 모든 존재를 본다."(Bhagavad Gītā: VI.29) 샹카라는 "영적 수련자는 모든 것에서 하나됨을 경험한다. 제한적 부속물들이 제거되었을 때 하나됨이 홀로 남는다"(Vivikacūdāmaṇi: 356, 358, 365)라고 말한다. 하나됨은 비-현상적 차원이고, 마음과 시간 밖의 영역에서만 가능하다. 철학적으로 '하나'는 '무無'와 같다. 하나 속에선 경계가 없고, 이것과 저것이 없으며, '있음'이 성립되지 않는다. 이원성이 사라졌기 때문이다. 이것이 '무無'이며, '공空'이라고도 한다. 무엇이라 규정할 수 없고, 가둘 수 없고, 시간 밖에 있으며, 마음을 벗어나 있으며, 아무것도 허용하지 않으며 모든 것을 허용한다. 하나됨은 모든 현상의 다양성을 관통하는 차원이며, 현상을 가능케 하는 차원이다. 그래서 이것은 원형原型이고 배경차원이다. 있음과 없음을 품을 수 있기에 전체성이라 한다.

명상의 넷째 속성은 한결같음이다. 이원적 요동이 가라앉았을 때, 평정이 온다. 그렇다고 모든 이원성이 소거되는 것은 아니다. 인간 현상이 지속하는 한 이원성은 존재하여야 한다. 철학적으로 이원성의 극복이라는 과제를 안고 있지만, 이 과제의 궁극적 목적은 이원성에서 도망가는 것이 아니라, 함께 있으며 자유로워지는 것이다. 인간은 이원성을 통해 존재의 표현을 가지고 삶을 이어나간다. 비록 이원성이 혼란을 야기하지만 인간에게 굉장히 유용하기도 한데, 인간의 유희 또한 이 이원성에 바탕을 두고 있기 때문이다. 한결같음은 이미 비-현상의 차원을 확보했기에 현상의 요동이 일어나면 이를 허용한다. 요동을 허용하지만 요동에 물들지 않는 것이 한결같음인데, 이것은 전체성을 담보로 가능하다. 한결같음은 어떤 목적이나 목적지를 필요로 하지 않는다. 그것은 충만함이고 그저 그렇게 있다. 이 충만함은 특정 조건을 전제로 하지 않는데, 한결같음은 변화와 관계성에서 벗어나 있기 때문이다.

명상의 다섯째 속성은 자각(prajñā: awarness)이다. 현상 밖의 차원을 지칭할 수 있는 유일한 특성은 '판단하지 않는 의식'이다. 의식이지만 이원성을 야기하지 않는다는 의미이다. 사트야난다(Satyananda, 1923~2009)는 자각을 정의하길 "물러나

서 자신의 정신적, 육체적 행위를 관할하는 능력이다."[11] 그리고 "당신이 무엇인가를 행하고 있음을 알고, 그 행위를 관찰하고 있음을 아는 사실이다"[12]라고 한다. 인간에겐 근본적으로 두 종류의 의식이 있는데, 이미지와 개념을 매개로 작업하는 의식, 곧 판단하는 의식과 이 현상을 관찰만 하는 의식이다. 인간이 행하는 대부분의 관찰엔 판단이 개입되어 있는데, 이것은 인간 유아기부터 학습된 고질적인 습관으로 인간은 자신이 판단 없는 관찰을 할 수 있다는 사실조차 망각하고 있다. 명상의 자각은 이 습관을 벗어난 관찰이다. 판단에서 자유로운 관찰은 현상을 그저 허용한다. 현상의 바다에 젖어있으나, 현상의 흐름과 그 흐름의 배경을 바라본다. 판단하지 않는 전체적 관찰이다.

2) 단계

명상은 일반적으로 두 가지 의미로 사용된다. 명상적 훈련과 명상의 상태가 그것이다. 전자는 행위로서, 후자는 결과로서 이해될 수도 있다. 그러나 훈련이 명상의 상태를 보증하지 못한다는 문제가 있으므로 이 둘은 연속선상에 있지 않다. 아디

---

11 Satyananda. *Sure Ways to Self-Realization*. p.81.

12 Satyananda. *Yoga and Kriya*. p.91.

스와라난다는 영적인 열망이나 영성은 기계적 수단이나 물질적 요소에 의해 생산될 수 없는 것이라고 한다.[13] 전자는 이원성을 매개로 작업이 이루어져야 하는 현상의 차원이고, 후자는 이원성에 물들지 않는 전체적 자각이 있는 배경의 차원이기 때문이다. 명상이란 용어가 두 개의 상이한 차원에서 각기 고유한 특성을 표현하기 위해 서로 다른 의미로 사용되고 있다.

두 의미가 연속적이지 않지만, 단계라는 표현을 사용하는 것은 인간 현상에 있어 두 상황이 시간적 전후관계에 있기 때문이다. 명상 상태란 새로이 만들어지거나 현상의 상호작용에 의해 도출되는 결과물이 아니다. 시간과 시간 밖의 차원에서 이것은 그저 존재하고 있다. 그러나 일반적 인간 현상의 관점에서 명상 상태는 어느 시점을 기준으로 존재하지 않았다. 여기서 존재하지 않았다는 것은 인간의 일반의식에 포착되지 않음을 가리킨다. 인간에게 있어 의식에 인식되지 않는 것은 존재하지 않는 것과 동일하기 때문이다. 인간 현상의 과정 중에, 현상에서 자유로운 전체적 자각이 활성화되는 시점부터 비로소 명상 상태는 존재하는 것으로 판단하는 의식에 인식된다. 그래서 명상은 시간적 전후관계, 즉 두 개의 단계로 표현된다.

명상적 훈련은 현상에 대한 관찰로서 시작된다. 이것은 인간

---

13   Adiswarananda. *Meditation & Its Practices*. p.222.

노력과 뇌의 활동에 의존하며, 현상의 차원을 넘기 위해 그 경계지점으로 향하는 적극적 접근이다. 아직 판단이 포함된 관찰의 목적은 경계를 넘어가는 것이고, 새로운 차원, 즉 명상의 상태를 준비하는 것이다. 다음 단계인 명상의 상태엔 인간의 의지가 적극적으로 작용하지 않는다. 현상이 여전히 존재하고 있으나 그 현상은 그저 던져져 있다. 현상의 세계엔 항상 관찰하는 주체가 있었으나, 여기선 관찰의 주체가 없다. 관찰의 주체인 듯했던 마음도 여기선 그저 현상, 곧 관찰의 대상일 뿐이다. 현상이 있고, 단지 관찰 혹은 자각(prajña)이 있다. 그래서 명상 상태에서의 현상은 수동성을 띤다. 현상에 대한 주체가 없기에 현상만이 그저 난무한다.

이 문제에서 아디스와라난다는 한 가지 "명상적 상태는 많은 이들이 믿고 있듯, 마음의 수동적 상태가 아니다. 반대로 이것은 강한 활동과 의식적 상태이다"[14]라고 주의를 환기시킨다. 명상 상태의 수동성은 현상을 관장해야 하는 마음, 즉 판단하는 의식에 해당하는 내용이 아니다. 이것은 전체적 자각의 특성을 지칭하기 위한 표현이다. 명상 상태에서 전체적 자각과 함께 공존하고 있는 현상의 작용인 마음은 자신의 역할을 온전히 행한다. 마음의 기능이 일부 정지한 코마coma 현상이나,

---

14 *Ibid.* pp.3~4.

마음의 기능이 저하된 혼미함, 그리고 약물에 중독된 의식의 혼란이 명상 상태가 아니기 때문이다. 명상 상태에선 자각과 현상이 공존하는 상황이지만, 여기엔 그 상황의 주체가 존재하지 않기에, 주체를 가진 인간 현상의 관점에선 수동성을 얘기할 수 있다.

여기서 주의할 또 한 가지는, 정체성과 주체(Ego)는 다르다는 사실이다. 주체(我)는 순수한 정치적 개념으로 정체성들 사이에 우열과 소유개념을 덧씌운 파생물이며, 정체성은 단지 외부환경과 구별되는 자신의 영역을 가리키며, 이 '자신'이라는 영역은 다른 영역과 평등관계에 있는 하나의 분류나 구획일 뿐이다. 인간의 마음엔 정체성과 주체의식이 공존하고 있으며, 명상은 마음에서 주체의식(Ego)만을 제거하지, 마음과 정체성을 해체하지 않는다. 명상 상태는 마음과 정체성이 없는 상태가 아니라, 그것들에서 자유로운 상태를 의미한다. 명상은 모든 정체성을 평등하게 바라보고, 정체성에 자유를 부여한다. 자각은 있으나 자각의 주체는 없다. 명상에 대한 혼란과 오해는 이 점을 놓치기 때문이다.

3) 도구

실제로 행하는 명상수련에서 혼란과 진전 없음의 이유 중 하나는 명상을 집중으로만 이해하고 있기 때문이다. 전통적으로 명상은 '집중'을 연상시켜왔다. 그러나 결정적으로 중요한 부분이 빠져있는데, 그것은 '물러남'이다. 집중은 판단하는 의식인 마음이 하나의 대상에 모아진 '부동성'[15]을 가리키며, 물러남은 집중된 대상에 모인 마음에서 거리를 유지하는 노력, 연루되지 않음, '거부하지도 받아들이지도 않음'[16], '전적인 중립성'[17] 등을 가리키는데, 정확히는 물러남 안에서의 바라봄이다. 집중은 하나의 지점으로 통합되어 들어가고, 물러남은 하나의 지점으로부터 다시 거리를 둔다.

명상의 훈련에서 마음이 하나의 대상에 모여든다. 이것은 끊임없이 들어오는 외적 이미지와 마음이 회상을 통해 도출하는 개념에 대한 판단을 중지하는 효과를 발생시킨다. 고정된 이미지에 마음이 묶이면 의식은 판단이 아닌 관찰만을 하게 되는데, 이 지점에서 이원적 마음이 자신의 질적 변환을 겪는다. 판단 기능이 정지됨으로써 마음이 주체를 상실한다. 여기서 흔히 실수가 일어난다. 일시적으로 주체를 놓아버렸으나 그 무–판단 속에 갇히거나, 다시 주체를 복귀시킨다. 집중이 일어난 지점에선 반드시 물러남이 작용해야 한다. 물러남은 주체

---

15   Veda. *Yoga-Sutras of Patanjali - with the exposition of Vyasa* (Vol. II). p.5.

16   *Ibid*. Vol.I. p.210.

17   *Ibid*. p.211.

를 상실한 의식을 해방하는 과정이다. 의식은 판단과 대상과 주체에서 풀려남으로써 오롯한 관찰만이 가능하게 된다. 전체적 자각이 활성화된다. 이제 훈련이 명상의 상태가 된다.

집중은 행위이고 작위(artificiality)이나, 물러남은 허용하는 관찰이다. 명상은 서로 상반된 방향의 두 힘을 응축시켜 새로운 차원을 연다. 훈련이 무르익고 명상 상태가 익숙해지기 시작하는 초기엔 집중과 물러남이 시간의 전후관계로 일어날 수도 있다. 그러나 명상에서 집중과 물러남은 동시에 일어난다. 두 요소가 함께 작용해야 차원의 전환이 일어나며, 물러남이 결여된 상태에선 주체의 상실이 일어나지 않기 때문이다. 강한 집중 속에선 오히려 그 주체(Ego)만 더 강화시킬 위험이 있다. 문제는 차원의 전환과정에만 있는 것은 아니다. 주체가 상실된 바다 위를 현상이 유유히 떠다니도록 허용하지만, 이 명상 상태가 한결같이 지속적이지 않기 때문이다. 여유로움은 잠시, 다시 현상과 주체의 감옥에 갇히게 된다. 명상은 일회적 사건으로 완성되는 성질의 것이 아니다.

명상의 상태가 친숙해지면 다음 과제는 이것을 시간선상에서 연장하는 일이다. 가급적 길게, 그리고 언제나 명상이 일어나도록 하는 숙달의 과정이 따른다. 이것은 인간 전 생애에 걸친 작업이다. 명상은 달나라에 한 번 가보는 것과 같은 일회적 사건이 아니다. 명상은 사건이 아니라, '삶의 방식'이다. 인간의 삶이 어떤 방향으로 흘러가든 그것은 중요하지 않다. 의미 있는 것은 그 흘러가는 방식이고, 순간의 상황을 맞이하는 '인간의 태도'이다. 명상적 삶의 방식과 태도가 '집중과 물러남'이다. 이것은 매 순간 일어나야 하는, 삶을 경작하는 명상의 도구이다.

4) 형태

명상의 훈련에 무수한 방법들이 있으나, 이들은 기본적으로 두 형태로 나눌 수 있다. 판단하는 의식인 '마음의 흐름을 지켜보는 것'과 마음에 맺히는 좋은 '이미지 대상을 생각하는 것'이다. 베단타 철학에 의하면 실체는 마음과 생각을 넘어서 있다.[18] 그래서 마음의 흐름을 지켜보는 것은 직접적인 방법이며, 마음을 통해 대상을 생각하는 것은 간접적인 방법이다. 명상훈련은 일차적으로 마음의 영역을 벗어날 수 있어야 하는데, 전자는 마음을 바라봄으로 인해 그 작업을 단번에 행하지만, 후자는 마음 자체를 바라보는 것이 아닌, 마음을 매개로 한 이차적 대상을 바라봄으로 인해 다음 단계로 마음 자체를 처리해야 하는 하나의 과정을 더 남기기 때문이다.

직접과 간접이라는 차이는 있으나, 둘 사이에 우위는 존재하

---

18   Swahananda, *Meditation and other spiritual disciplines*, p.3.

지 않는다. 실질적으로 좋은 방법이란 방법 자체가 가진 특성이 아니라, 그 방법이 실제적으로 어떤 효과를 내느냐에 좌우된다. 마음 자체를 가지고 하는 작업은 다소 어려울 수 있는데, 타고난 경향성과 특정한 훈련의 선제작업이 필요하기 때문이다. 쉬운 길이 있는데, 굳이 어려운 길을 택하여 성과를 내지 못하는 것은 합리적이지 못한 선택이다. 대상을 생각하는 방법은 마음의 특성을 이용해 초기에 집중을 용이하게 하는 방편이다. 브라흐마난다(Brahmanada, 1863~1922)는 마음의 특성을 잘 지적하고 있는데, "마음엔 음식이 주어져야 한다. 이것이 그것을 조용히 시키는 방법이다"[19]라고 한다.

마음에게 집중을 유도할 수 있는 이미지를 제공하면 마음은 이를 매개로 다른 이미지를 배제시킨다. 단일 이미지의 지속적인 자극은 마음의 활동을 둔화시키고, 자신이 가지고 있던 주체성에 대한 인식마저 내려놓게 한다. 그러나 이것도 잠시, 마음은 다시 주체와 객체를 인식하고, 또다시 내려놓기를 반복한다. 이것이 무르익으면 판단하지 않는 의식이 판단 않는 자신을 직접 인식하는 지점이 확보된다. 이것이 모든 것을 압도한다. 세상의 온갖 현상도, 이를 판단하던 마음도 저 멀리 떠다니지만, 어느 것 하나 실제적이지 않다. 세상은 여전히 존

---

19   *Ibid*. p.4.

재하고 있으나 전혀 실제적이지 않다. 그것은 '있는' 것이 아니라, '있는' 것처럼 보여진다. '보는 자'가 아닌 그저 '보여짐'이 있다. 자각(prajñā)만이 있다.

5) 대상

명상훈련은 인간의식의 구조와 작용을 이해하고, 그 뒤틀려 있는 상황을 해소하는 치유작업이다. 명상의 본질적 도구는 인간의식이지만, 그 형태에 따라 의식이 아닌 다양한 비-의식적 대상들이 작업도구로 사용된다. 흔히 이것을 '명상의 대상'이라 표현한다. 명상은 무수한 방법과 대상을 가지는데, 이것이 방법론에 다양성을 제공하는 장점이기도 하지만, 오히려 수련자들을 혼란스럽게 하는 요소가 된다. 『요가 수뜨라Yoga Sūtra』는 "구미에 당기는 어떤 대상에도 명상하도록 허용하라"(I.39)고 조언한다. 이 사실은 특정 명상대상이 명상훈련에 결정적 역할을 하지 않는다는 의미를 담고 있다. 명상 형태에 우위가 존재하지 않듯, 명상의 대상에도 상호간의 우위관계는 존재하지 않는다.

명상은 잘 구성된 체계적 훈련이 되어야 한다. 그래서 크리쉬난다(Krishnanda, 1922~2001)는 '자신의 마음에 조율된 확고한 시스템'을 강조한다.[20] 명상훈련은 특정 결과를 의도하고 있기에 이를 달성하기 위한 효율성을 염두에 둔 시스템을 가지는데, 명상의 대상은 그 전체 과정의 한 지점에 위치하는 하나의 요소일 뿐이다. 대상이 '무엇인가'는 중요한 문제가 아니며, 훈련의 시스템에서 의미 있는 것은 의식이 작용하는 구조이다. 집중은 강렬하고 물러남은 분명해야 하는데, 이것은 그 대상이 가지는 특성과 관련되어 있다. 사트야난다는 "상징, 과정, 혹은 소리는 주의를 고정시키는 매개로서 작용한다. 일반적으로 자각의 매개는 그것이 깊은 의미를 지니고 있을 때, 더 강력하다. 이것이 더 깊은 집중을 얻도록 한다"[21]라고 한다.

명상대상의 역할은 판단하는 의식인 마음이 자신의 판단 행위를 일시적으로 멈추고 한 지점에 모여들도록 하는 것이다. 그 대상이 평소 자신의 삶에 중요한 의미를 담고 있는 것이라면, 이 집중 기능은 최대로 발휘될 수 있다. 마음은 애착이 강한 것에 쉽게 모여드는데, 이것이 작업에 효율성을 낳는다. 마음은 자신이 선택한 애착의 지점에서 다른 모든 대상의 이미지를 배제시키며 판단 행위를 내려놓는데, 마음에 이미 강력한 음식이 제공되었기 때문이다. 대상이 판단 작용을 정지시켰다면 이제 자신의 임무는 완수되었고, 훈련과정에서 대상은 버려져야 한다. 그러나 이 지점에서 장애가 발생하는데, 마음

20   Krishnananda. *The Study and Practice of Yoga - the Exposition of the Yoga Sutras of Patanjali* (Vol. I.). p.79.

21   Satyananda. *Yoga and Kriya*. p.204.

이 대상을 버리지 못하기 때문이다.

　근본적으로 명상은 마음이 와해되는 상황을 연출해야 하는데, 판단 없는 의식을 활성화시키기 위해서이다. 그런데 마음이 대상을 놓아버리지 못하면 다음 과정으로 진행이 불가능하다. 마음이 그 대상에 함몰되고 거기에 갇히기 때문이다. 효율을 높였던 요소가 이제 장애물로서 작용하고 있다. 대상이 지녔던 강한 주관적 의미가 마음을 삼키고 현상계를 지배한다. 흔히 상서로운(auspicious) 빛이나 형상이 마음을 장악한다. 상서로움에 현혹되는 것이다. 빛이나 형상, 혹은 특정 이미지를 인식하고 있다면 아직 마음이 판단 행위를 하고 있음이며, 판단 없는 의식이 등장할 여지는 없다. 명상 상태에서도 마음은 작용해야 하지만, 명상 상태의 진입을 위해선 반드시 마음의 정지停止과정을 거쳐야만 한다.

　명상훈련은 마음을 제거하기 위한 과정이 아니라, 마음의 질을 전환시키는 성장과 진화의 과정이다. 일반적으로 마음이 인간 현상을 장악하고 있으나, 마음은 인간 현상의 한 부분일 뿐이다. 마음은 판단의 주체로서 현상을 가능케 하는, 정확히는 '있다'는 인식을 일으키는 현상의 관문이지만, 또한 인간 현상에 주체를 장착시키는 요인이기도 하다. 명상을 통해 변환을 겪지 못한 마음은 이 주체의식(Ego) 없이도 인간 현상이 가능함을 이해하지 못한다. 명상훈련의 일차적 타깃은 마음의 제거가 아닌, '주체의식'을 제거하는 것이며, 이것이 '마음의 진화'가 의미하는 바이다. 마음의 진화가 없는 상황에서 인간에게 마음의 판단정지는 곧 자신의 죽음으로 인식되기에 강력한 저항이 발생한다.

한편으로 이 저항은 정당하게 보인다. 그래서 명상과정은 정지되고 오랜 기간 대치국면이 형성된다. 마음은 판단 없는 의식의 활성화를 두려워한다. 마음은 자신의 본성이 판단 행위임을 잘 알고 있고, 이 본성을 인간 현상과 동일시하기에 마음의 가장 밑바닥엔 죽음에 대한 두려움이 도사리고 있다. 판단정지가 곧 인간 현상의 종식과 등식에 놓여 있기 때문이다. 명상훈련의 많은 장애요소가 훈련과정에 대한 이해 부족에서 발생하고 있다. '명상의 대상'은 그 기여도가 높기는 하지만, 수련자들에게 혼란을 야기하는 주범이기도 하다. 명상의 대상은 훈련과정에 있는 하나의 디딤돌이지 목표가 아니다. 자신에게 의미 있어 보이던 대상을 버려야 하는 것은 명상이 '의미 찾기 놀이'가 아니기 때문이다. '의미'는 개념의 차원이고, 판단정지는 한 단계 더 확장된 '배경의식'의 차원을 바탕으로 이루어지는데, 명상은 이 배경의식의 차원에 관한 훈련이다.

4. 구조

명상의 단계에서 살펴보았듯, 명상은 훈련과 상태라는 두 개의 차원을 가진다. 하나는 판단과 의지와 노력이 작용하는 차원이며, 다른 하나는 판단하지 않는 의식이 활성화된 차원이다. 전자는 현상의 차원이며, 후자는 '배경의 차원'[22]인데, 두 차원에 대한 이해는 힌두와 불교문화가 도출한 철학적 결과물이다. 이 상이한 두 개의 차원은 연속적이지 않은데, 이 차원의 전환을 가능케 하는 것이 명상이다. 남아시아 전통의 산물인

---

[22] 상까르Śaṅkara의 비-이원적 베단따(Advaita Vedanta) 철학에선 실체와 비-실체를 구분한다. 일반적 인간 세상은 실체가 아닌, 단지 보여지는 나타남(Vivarta)이며, 이를 마야Maya로 표현했다. 인간은 무명(Avidya)에 의해 실체(Sat)를 알지 못하고 현상에 갇혀있는데, 궁극적 지혜(Vijnana)를 통해 실체를 파악한다. 상까르에게 브라흐만 Brahman은 실체와 비-실체를 모두 포함하는 전체성이다. 실체와 비-실체는 비-현상과 현상으로도 표현된다. 본인의 저작『집중과 물러남의 요가철학』에선 현상을 가능케 하는 근원적 차원을 배경차원이라 지칭한다. 여기선 판단하지 않는 의식이 항상 활성화되어 있으나, 현상에 갇힌 인간은 이를 인식하지 못한다. 명상은 현상에 갇힌 인간의 의식을 배경의식으로 확장함으로써 판단하지 않는 의식을 획득하게 한다. 획득이라기 보단 원래 있던 것을 활성화시킨다는 표현이 더 정확할 것이다.

두 차원의 통합에 대한 실천적 과정이 명상이다. 의식의 측면에선, 판단의 차원에 판단하지 않는 차원을 추가함으로써 전체의 차원을 확보하는 성장과 진화의 과정이다. 그래서 구조적으로 명상엔 두 개의 차원이 전제된다.

두 개의 차원(혹은 플랫폼)으로 명상의 플랫폼을 형성했으면, 그 위에 구동될 적용 인자(application factor)[23]는 '관찰'이다. 관찰은 곧 의식을 의미한다. 의식은 인간의 오감에 직접 감지되는 요소가 아니며, 그 활동에 의해서만 존재가 증명되는 미세한 요소이므로 '의식'이라는 개체적 개념보다는 '관찰'이라는 변화하는 현상으로 이해하는 것이 더 적절하다. 관찰이라는 활동성(application)은 입력되는 데이터를 필요로 하고, 명상의 대상이 여기에 해당한다. 프로그램은 그 데이터에 초점을 맞추어 작업을 하는데, 이것이 명상에서의 관찰이다.

관찰 기능엔 두 가지 방식, 즉 명상의 도구인 집중과 물러남이 그것이다. 프로그램(관찰)은 집중과 물러남의 방식으로 입

---

23 차원 위에 펼쳐지는 요소는 현대적 개념으로 보면 하나의 프로그램과 같다. 프로그램은 일상의 감각 기관엔 감지되지 않으나, 분명 기계적 차원에선 활동하고 있으며, 유추로 그 존재가 입증된다. 상까르Śaṅkara의 마야 개념이 이와 같다. 이 개념에 의하면, 현상은 실체가 없으나 분명 인간의 감각에 포착되고 드러나는 존재이다. 차원위에 구동되는 인자 또한 실체는 없으나 존재하는 프로그램과 같다.

력된 데이터(명상의 대상)를 처리한다. 집중은 마음(관찰)의 '한 지점화'이고, 물러남은 한 지점에 대한 '비-동일화', 즉 대상(데이터)을 '놓아버림'이다.[24] 놓아버림의 동작은 프로그램에 장애를 일으키고, 명상에서 전제된 2개의 차원 중 첫 번째 플랫폼을 이탈하게 된다. 이것은 플랫폼, 즉 차원의 전환을 가져오고, 이때 프로그램에도 변화가 발생한다. 첫 번째 차원에서 관찰하는 의식은 판단하는 의식이었다. 판단을 바탕으로 대상을 선정하고, 집중을 행하고, 그 대상을 놓아버렸다. 이제 전환된 의식은 판단하지 않는 의식이다. 관찰이라는 프로그램(application)이 작동하지만 이 관찰은 판단이 없는 관찰이다. 초기 차원에서의 '관찰'이 전환된 차원에서는 '자각(prajña: awareness)'이 된다.

이 차원의 전환엔 설명되지 않은 사실이 있는데, 초기 플랫폼에서 관찰이라는 프로그램엔 두 종류가 설치되어 있었다.[25] 판단하는 관찰과 판단 없는 관찰이 그것이다. 초기 플랫폼에선 판단하는 프로그램(관찰)이 작동했으나, 전환된 플랫폼에선 판단 없는 프로그램(자각)이 작동한다. 프로그램의 전환이

---

24 배철진, 『집중과 물러남의 요가철학』, pp.157~158.

25 인간은 원래 두 종류 의식을 가지고 있는데, 입력된 이미지를 처리하는 의식과 이 과정을 그저 지켜보기만 하는 의식이 그것이다. 이미 현대 심리학에선 상식으로 받아들여지는 사실이다.

라기보다는 비-활성화되어 있던 프로그램이 비로소 작동하게 되었다는 것이 정확한 표현이다. 플랫폼(차원)을 옮겨온 의식은 명상 상태에 있다. 여기서 인지해야 할 중요한 사항은, 전환된 플랫폼에서도 판단하는 관찰이 여전히 작동할 수 있다는 사실이다. 자각이 주 프로그램이기는 하지만, 하부 기능으로 판단하는 관찰이 작동하고 있다. 명상이 차원의 전환을 이루지만, 이것은 초기 차원을 폐기하고 다른 것으로의 대체가 아닌, 정확히 이것은 차원의 확장이다.

사트야난다는 "명상훈련의 본질은 자각을 개발하는 것이며, 자각은 마음 안의 과정을 목격하는 것이다"[26]라고 한다. 자각이 활성화되어 모든 현상을 몰아내는 것이 아니다. 자각은 확장된 차원(플랫폼) 안의 모든 과정을 지켜볼 뿐이다. 확장된 플랫폼에서 최상위 프로그램은 판단 않는 자각이고, 그 하부에 판단하는 마음이 구동하고 모든 현상의 데이터가 재현된다. 플랫폼은 통합되었고 각 프로그램은 위계질서를 가진다. 초기 플랫폼에서 마음이 집중과 물러남을 구동시켜 플랫폼의 전환을 유도한다면, 플랫폼의 전환은 내재되어 있던 자각(prajña)이 활성화되어 다른 모든 프로그램을 압도함으로써 이루어진다. 초기 플랫폼이 확장(update)되었고, 집중과 물러남은 자동화

26   Satyananda. *Yoga and Kriya*. p.205.

되었으며, 각종 데이터들은 여전히 모니터링된다. 구조적 변화는 자각의 활성화와 마음의 주도권 상실, 곧 주체의식(Ego)의 소멸 외엔 아무것도 없다. 이것은 차원의 전환으로 가능하고, 결국 명상은 차원의 문제이다.

5. 목적

명상은 인간 문명사에서 독특한 현상이다. 생물계와 인간 문명의 대부분 활동은 기존의 구조와 활동성을 확장하는 방향으로 움직이는데,[27] 상호 대립항을 통해 수정 보완하며 체계화와 복잡화로 나아간다. 흔히 이것을 '진화'라고 하며, 이것의 의미는 '복잡화'로의 전개이다. 그러나 앞서 '명상의 개념'에서 보았듯, 명상은 '퇴화'의 과정이다. 복잡화의 입장에서 보면, 인간 활동의 정점에 있는 마음이 더 세분화되고, 정교해지며, 난해해지는 방향으로 나아가야 인간의 진화와 부합하는 듯 보인다. 그러나 인류사 속에서 '마음의 복잡화'는 발전이나 성장이 아닌, 단지 정신병리적 현상임이 분명했으며, 인간 고통의 근원이고, 문명 파괴의 시발점이었다. 그래서 인류는 마음의 일

---

27   물리학의 엔트로피entropy 현상은 시간의 흐름에서 공간 속 입자들의 무질서가 증가한다는 이론이다. 운동 에너지를 모두 잃고 안정을 이루는 특정 지점까지 입자들의 활동이 증가한다.

부 기능을 퇴화시키는 장치를 고안했는데, 이것이 명상이다. 명상은 인류의 퇴화를 유도하는 것이 아니라, 마음이 가진 한계점을 극복하고 다음 단계로 진화를 이어가는 도약의 발판이다. 인류는 자신의 진화과정에서 발생하는 부작용을 제거하고, 한층 정제되어 효율이 높은 새로운 존재방식을 찾아냈다.

명상을 중요시하는 남아시아와 불교의 철학적 목적은 하나됨(oneness) 혹은 이원론의 극복이다. 브라흐만Brahman 혹은 불성佛性과의 합일이나, 논리적 차원에서의 이원성의 소멸이나 자아의 해체는 이들 철학의 정수이며, 명상은 이런 이성적 명제를 구체적 삶으로 검증하고 생활화하는 방법론이다. 그래서 명상은 이들 철학을 완성하는 정점에 있다. 학자나 문화를 향유하는 소수 계층의 유희가 아닌, 문명에 속한 모든 인류가 체험하고 실현해야 할 문화적 가치이다. 명상을 통해 인류는 비로소 윤리와 사회, 정치적 이상에 대한 구체적 자질을 갖출 수 있다. 이런 문명의 이상향은 단순히 법률이나 사회적 관습과 같은 외형적 시스템으로서는 불가능함을 인류는 충분히 경험했다. 인간의식의 안목이 질적으로 성숙하지 않는 이상, 개인과 사회의 갈등과 모순을 해결할 수 없기 때문이다. 명상은 철학에 대한 구체적 해결책을 제시함으로써 인류의 번영과 행복에 기여한다.

사회적으로 명상은 새로운 질서와 가치를 창출한다. 인류는 최근까지 많은 문화의 변천과 충돌로 극심한 정치적 문제를 야기해왔다. 특정 문화의 원리주의적 견해는 무고한 이들의 생명과 삶을 송두리째 파괴하고 있다. 면밀히 살펴보면 그들의 주장이 터무니없는 것은 아니지만, 그들은 대부분 범주의 오류(category mistake)[28]를 범하고 있다. 그 주장의 수혜 범위나 작용 범위가 소수 그룹에 한정되어 있음에도 모두를 위한 주장이라 착각하고 강요하고 있기 때문이다. 이것에 관한 폐단이 '집단이기주의'로 드러나기도 하는데, 이것은 자신과 그가 속한 집단의 정체성이 건전하게 형성되어 있지 않기 때문에 발생하는 문제이다. 협소하고 경직된 정체성은 다른 이와 다른 집단을 배타시하며 공격한다. 또한 인간(자기 집단)에 대한 우월감은 다른 생명체에 대한 경시와 환경 파괴를 낳고 있다. 명상은 이런 '정체성'에 대해 새로운 접근방식을 제시하고 있다. 의식의 주체(Ego)에 대한 전혀 다른 안목을 제시함으로써 명상은 새로운 문화 창조에 기여한다.

개인의 삶에 있어 명상은 통합된 생활 관리와 풍요로운 일상을 가능하게 한다. 명상은 의식에 관한 훈련이다. 이 훈련은 생활의 규칙성과 신체적 단련, 그리고 매 순간 마음의 상태를

---

28 영국의 철학자 길버트 라일(Gilbert Ryle, 1900~1976)에 의해 처음 사용된 용어로, 논리적으로 다른 범주에 속하는 말들을 같은 범주에 속하는 것으로 생각하거나, 범주의 영역을 잘못 설정하는 오류이다.

점검하고, 또한 식습관은 물론 소소한 일상의 행위를 조율하는 과정을 포함하고 있다. 명상을 한다는 것은 문화사적으로 가장 세련된 생활을 향유하고 있다는 의미이다. 인간은 명상을 통해 건강하고 건전한 삶을 유지할 수 있다. 마음의 불안과 갈등과 모순이 삶 속에 발생하는 고통의 주범이다. 명상은 이런 마음의 부조화를 해소하고, 마음을 넘어 인간의식의 본모습을 보여준다. 인간 현상의 정점에 있는 의식에 대한 탐구는 그 하부구조에서 발생하는 현상에 대한 이해를 높이고, 상호 조화를 실현한다. 이 과정에서 잠재되어 있던 영감(inspiration)이 자연스럽게 발현하며, 영감을 통한 창의성은 인류 번영을 위한 필수요소이다. 인간은 다양한 차원을 가진 복합 현상이다. 통합된 접근만이 인간이 가진 문제를 해결하고 실질적인 번영을 가능하게 한다. 명상은 지금까지 인류 문명이 발견한 의식에 대한 가장 직접적 접근 방법이다.

명상이 인류의 모든 문제를 해결하는 만능열쇠는 아니며, 명상 상태가 인류가 도달해야 할 궁극의 모습도 아니다. 종교나 특정 이데올로기에서 주장하듯, 명상 상태는 완성이나 절대성의 구현을 의미하지 않는다. 명상은 의식에 대한 탐구의 방법론이며, 다양한 인간 현상의 한 형태인 '판단 없는 의식'을 구현하는 수단이다. 구현된 명상 상태는 많은 이들에게 아직 익숙하지 않은 인간 현상의 한 상태일 뿐이지, 특별하거나 상서로운 어떤 것이 아니다. 실제로 많은 이들이 명상의 상태에 진입하는데, 문제는 자신이 진입한 사실을 알지 못하고, 어렴풋이 알아도 그 상태를 어떻게 관리해야 하는지를 모른다. 그리곤 그 상태를 곧 상실한다.

 명상에 임하는 많은 이들의 어려움은 여기에서 발생한다. 명상 상태는 아기가 세상에 한 번 진입함으로 인해 지속적으로 보장되는 생물학적 존재 상태와는 다르다. 태아가 엄마의 자궁을 나오는 일회적 사건으로 인해 일반적으로 인간은 자신의 생물학적 존재 상태를 보장받지만, 명상 상태는 일회적 진입으로 보장받지 못한다. 결혼이 식을 올리고 서류에 도장을 찍는다고 완결되는 일회적 사건이 아니라, 두 사람이 매 순간의 삶 속에서 온전히 자신들의 존재를 결혼이라는 상태로 켜(turn on)놓아야 실제적인 결혼인 것과 같다. 명상 상태는 이보다 더 냉엄하다. 우연히 몇 번 명상 상태를 경험하여도, 대부분의 시간 속에서 자신의 존재는 과거의 상태로 돌아와 있다. 일상에서 명상 상태가 지속되지 않는다면, 특정 조건 속에서 천 년을 그 수준으로 지낸다 해도 별 의미 없다. 명상 상태는 인류가 진화의 다음 단계를 전개하기 위한 '기본 존재 상태'이므로 반드시 일상화시켜야 하는 인간 현상이기 때문이다. 그리고 특별히 장애를 가지지 않은 이상, 인류의 대부분이 명상 상태에 수시로 진입하고 있으며(본인은 인식하지 못하여도), 명상 상태에 진입하지 않고는 인간이 정신적 건강을 유지할 수 없다. 인간이 수면을 취하지 않고 생존할 수 없는 것과 동일하다.

명상 상태는 명상을 생활화하는 모든 이들이 갖추어야 할 하나의 기본 기술이다. 현실적으로 명상 상태가 일반적인 것은 아니지만, 이것이 일부 선별된 이들이나 경험하는, 그래서 세상을 다 얻은 것같이 호들갑을 떨어야 할 일은 아니다. 명상 상태로의 진입은 오도(悟道, Enlightenment)나 깨달음이 아니다. 그런 것이 있다면 명상 상태는 그곳으로 향하는 출발점이 될 것이다. '판단 없는 의식'의 확보나, 주체(Ego) 문제에서 자유롭지 못하다면 오도悟道는 불가능하다는 것이 모든 종교, 철학적 문헌들의 주장이기 때문이다. 슬픔이 밀려오고 웃음이 터져 나오듯 명상 상태는 일상의 모습이다. 명상 상태는 의식을 기본구조 속에 올려놓으면 누구에게나 그리고 언제나 일어나는 인간의식의 한 존재 상태이다. 그 재료가 의식이라는 좀 까다로운 것이기는 하지만, 명상 상태는 단순히 자연 과학적 원리를 따른다. 자연 현상인 명상 상태에 대한 확연한 체험은 처음엔 우연히 찾아온다. 이것이 일반 상태와 다른 것임을 충분히 알았다면, 이 상태에 자의적으로 진입하는 훈련이 이루어지고, 다음으론 모든 일상의 시간대에 진입이 가능하도록 하는 것이 명상수련자의 기본과제이다.

명상은 인류의 진화를 목적으로 하며, 종교나 철학적 이상을 가진 자들에게만 필요한 유희적 장난감이 아니라, 인간이 자기 탐구와 성장을 위해 갖추어야 할 '존재방식'이다. 이것은 '판단정지'라는 의식의 자각(prajñā)을 활성화시키는 것이며, '나'라는 경계가 허물어진 주체의식(Ego)에서 자유로운 지점을 확보하는 일이다.

6. 회귀와 새로운 출발

명상은 인간존재의 근원으로 가는 '회귀과정(regression process)'이다. 인간의식의 부조화는 명상을 통해 균형을 찾을 수 있는데, 그것은 인간의식을 '초기화'하는 작업을 통해서 가능하다. 현대인은 많은 이유로 마음에 무수한 병리적 증상을 가지고 있다. 의학이나 심리학, 문학과 예술은 이런 증상들에 직접적이고 뚜렷한 처방을 내어놓지 못하고 있는데, 이들 분야의 접근이 간접적이기 때문이다. 문제 해결을 위해서는 구체적이고 직접적인 방법이 필요하며, 증세가 심하면 과감한 수단까지 동원될 수 있다.

디지털 기기에 심각한 문제가 발생하면 '초기화'가 하나의 방법으로 사용된다. 인간의식도 초기화가 가능하며, 대부분의 인류는 이 초기화가 반드시 필요하다. 여기서 '의식의 초기화'란 진화생물학적인 관점의 기능적 초기화를 가리키지 않는다.

인간이 가진 의식의 원형적 요소를 확보하는 초기화를 의미한다. 그것은 '판단하지 않는 의식'을 복원하는 작업이다. 그리하여 인간이 가진 고유한 2개의 차원[29]을 확보하여 존재의 균형을 맞추는 조율이다. 인간의 불행과 의식의 부조화는 잃어버린 차원의 결핍에서 기인하기 때문이다.

인간의 불행은 수십만 년간 너무 많은 오류가 인간의식에 누적되어 있기 때문인데, 많은 철학적 분석들이 세상에 대한 '인식의 오류'를 지적하고 있다는 사실은 이 점을 입증한다. 인류는 명상을 통해 근원에서부터 자신의 존재를 재정립할 필요가 있다. 지금껏 우리가 충분히 경험하여 지치고, 너덜너덜해진 현재의 '낡은 존재방식'이 아니라, 가능성을 충분히 품고 있는 새로운 존재방식을 찾아야 한다. '의식의 초기화', 이것이 의식이 조화를 향해 나아가는 출발점이다.

---

29 배경의식과 현상의 차원으로, 전자는 판단 없는 의식이며, 후자는 판단하는 의식인 마음이라고 지칭되는 의식과 그 마음에 담기는 모든 변화의 현상을 가리킨다. 현상은 마음을 통해 인지되며, 마음에 들어오지 않은 실재는 배경에 잠겨있다. 배경에 잠겨있음은 인간현상과 단절되어 있다는 것이다.

제2부 **감각의 길**

인간은 의식의 존재이다. 인간의식은 기본적으로 2개의 차원에 걸쳐 있는데, 판단이 이루어지는 일반의식과 판단이 없는 배경의식으로 나뉜다. 일반의식이란 이미지의 생성과 변화에 관여하는 심리학적인 의식 혹은 마음으로 이성, 감성, 의지 등 모든 변화하는 의식을 통칭한다. 배경의식이란 이미지 작업을 하는 일반의식을 판단 없이 관찰만 하는 의식으로 종교·철학적 순수의식을 가리키고, 변화하는 세상에 대한 인식을 가능케 하는 바탕이므로 배경의식이라 칭한다. '바라봄'이라는 속성으로만 표현되는 배경의식은 변화하지 않으면서 변화하는 현상을 허용하는 비-현상의 차원이다.

일반의식은 하나의 개체가 아닌 다중-의식 집합체인데, 인간 세포 하나하나가 개별 의식체를 형성하기 때문이다.[30] 인간은 평균 60조 개의 세포를 가지므로 60조의 다중-의식체인 셈이다. 의식의 존재인 인간에게 발생하는 대부분의 문제는 바로 이 다중-의식이라는 점에서 발생한다. 항상 분열과 부조화의 잠재성을 지니고 있기 때문이며, 집단은 통합과 소통을 필요로 한다. 이러한 소통과 통합이 절실한 것은 인간의 심리적 건강을 위해서이기도 하지만, 더 근본적인 이유는 적절한 일반의식의 통합을 바탕으로 배경의식이 활성화될 수 있기 때문이다.

인간의 일반의식 내에서 발생하는 이원성의 갈등은 배경의식의 차원에서만 그 극복이 가능하다. 배경의식의 확보는 철학적 이상을 실현하기 위한 출발점이고, 사회의 번영을 위해 그 구성원들이 가져야 하는 의식의 성숙을 가능케 하는 바탕이며, 개인의 안정과 균형 있는 삶을 가꾸는 자양분이 된다. 이러한 배경의 차원을 여는 방법이 명상이다. 명상은 인간의식을 탐구하고 관리하는 기술이므로 의식에 대한 이해는 명상으로 나아가는 첫걸음이 된다. 그리고 의식의 작용은 감각을 매개로 촉발되고, 대부분의 명상 방법은 이 감각을 기점으로 시작된다.

---

30   정신의학자 스티븐 세부쉬Steven Sevush는 '의식의 단일-뉴런 이론
       (Single-neuron theory of consciousness)'을 주장한다.

인간은 의식이며, 의식 현상은 감각을 통해 얻어진 이미지의 정보로 형성된다. 하나의 외부 자극이 감각 수용체와 신경을 거쳐 뇌에 도달하고, 이 정보가 일반의식의 모습과 상태를 결정한다. 명상은 이러한 감각의 정보유통을 조작함으로써 세포의식들 간의 소통과 통합을 유도한다. 외부 자극을 의식의 깊은 곳으로 가져오는 과정에서, 명상은 산만하고 부주의한 의식들을 한 곳으로 모으고, 이 의식의 관심과 주의를 일반의식과 배경의식의 경계로 가져가, 마침내 그 경계를 허문다. 인간의 의식이 감각에서 시작하므로 명상 또한 감각에서 시작하는 것은 자연스러운 일이다. 감각을 넘은 지점에서 시작하는 명상법도 있으나, 인간의 거친 의식형태인 감각을 통한 길은 보다 이해가 쉽고 보편적인 길이다. 제2부에선 뇌와 일반의식, 그리고 감각을 통한 길을 설명함으로써 명상 방법론에 대한 이해를 높인다.

1. 감각이 시작되는 뇌

1) 뇌의 기능

뇌의 기본단위는 뉴런이라는 신경세포이며, 각 신경세포는 시냅스라는 연결을 통해 커넥톰connectome[31]이라는 신경의 연결망을 형성한다.[32] 뇌는 생명체가 외부에서 들어오는 정보를 분석, 처리하여 반응을 생산하는 신경회로로 구성된 정보처리 시스템이다. 세포의 연합체로 하나의 개체를 이루는 생명체는 이 개체를 유지, 관리하는 통제기능을 필요로 하는데 이것이 뇌의 기능이며, 그 작용의 매개는 신경이다. 각 신경은 독자적으로 기능하지 않고 연결이라는 '관계성'을 통해 개별 단위가 할 수 없는 통합된 고차원적 작업을 가능하게 한다. 뇌는 정보를 패턴으로 인지하고, 이를 다시 계층화시킴으로써 정보의 저장과 처리에 효율을 높이며,[33] 신경세포는 자신의 세포골격 중 미세소관(microtuble)을 통해 양자적 정보교환을 함으로써 인간의 의식을 창발하는 것으로 알려지고 있다.[34] 신경세포라는 생물학적 구조와 연계된 인간의식의 복잡성은 양자 얽힘(quantum entanglement) 없이는 설명이 불가능한 것처럼 보이기 때문이다.

뇌는 진화론적으로 단순 구조에서 상향식으로 진화되어 왔

---

31 커넥션connection의 지도(map)라는 뜻으로, 신경회로를 전체적으로 파악하는 것을 가리킨다.

32 인간 뇌는 약 1000억 개의 신경세포를 가지며, 각 신경세포는 약 1만개(1,000개라는 견해도 있음)의 다른 세포와 연결을 가지므로, 한 개의 뇌는 약 1,000조 개의 시냅스로 구성되어 있다고 알려져 있다.

33 Ray Kurzweil, 『마음의 탄생』, pp.54~118.

34 Roger Penrose, 『마음의 그림자』, pp.542~570.

으며, 이 과정에서 복잡화와 단일성 문제를 해결하는 하나의 코드가 쾌락중추이며, 이것이 뇌의 추동력으로 작용한다.[35] 인간과 같은 고등생물의 뇌 작용을 단지 쾌락원리로 환원시키는 것은 무리가 있어 보이나, 엄밀히 이것을 명확히 반박할 근거를 찾기 힘든 것도 사실인데, 쾌락원리의 포장된 형태가 '행복'이라는 용어이기 때문이다. 뇌라고 할 만한 것은 편충에서 시작하는데,[36] 아메바에서 인간에 이르기까지 생명체 활동의 기본 메커니즘은 호불호好不好에 관한 반응이다. 이것은 생명체가 자신의 안전과 복제를 위해 필연적으로 선택할 수밖에 없는 구조이다.

인간은 단세포를 넘어 신경 연결망을 고도화시킴으로써 '의식'[37]이라는 현상을 실현시켰다. 생체 구조가 복잡해짐에 따라 처리해야 할 정보의 양이 많아지고, 생존을 위협받는 상황에 정보의 처리 속도를 높이기 위해 중앙집중화가 이루어졌다. 이것은 뇌의 발생 원인이며 의식은 이 통제소를 장악하고 있

---

35 강봉균 외 8명, 『뇌 Brain』, pp.32~33.

36 *Ibid.* p.33.

37 의식은 다양한 의미와 분류를 가지는데, 여기서 '뇌의 기능'이란 단락에선 논지의 전개상 무의식과 대별되는 '표면의식'만을 지칭하고 있다. 이 글의 다음 부분에서 의식에 대한 세밀한 논의가 계속될 것이다.

는 듯 보인다. 그러나 의식이 없어도 정보의 중앙집중화는 가능하다.[38] 이것은 의식의 발현 이유가 필연적으로 신경활동의 중앙집중화에 있지 않다는 것을 시사한다. 전역작업영역 이론 (global workspace theory)[39]에 의하면, 의식은 우리 뇌에서 실시간으로 흘러가는 어떤 과정을 보여주는 디스플레이며, 이것을 통해 인간은 외부 환경과 교류한다.[40] 의식은 고정된 기능이나 주체가 아니라, 신경계 안에서 정보가 유통되는 과정에 대한 이야기이다. 의식은 하나의 속성이지, 속성을 담지하고 드러내는 본질이 아니다.

의식은 진화론적 관점에서 뇌 신경망 사이의 연결이 증가함에 따라, 어느 시점에 정보의 유통과정에 양자도약(quantum leaps)이 일어나고, 그 유통과정의 특정 일부에 초점이 맞추어지는 현상이 일어나면서 의식이 등장한다.[41] 이런 양자도약은 한 번으로 그치지 않고 다시 일어난 듯하며, 그것이 정체성의 출현이다. 정체성은 경계(boundary)의 형성이고, 그 경계로 인

---

38 *Ibid*. p.167.

39 버나드 바스Bernard Baars가 주장한 의식의 모델에 관한 이론으로, 의식이란 모듈화되어 있는 뇌의 기능을 장거리로 연결하는 공통의 프로토콜, 즉 소통의 매개이다.

40 *Ibid*. pp.167~170.

41 *Ibid*. p.169.

한 구역 간의 사회적 문제인데, 경계 안에 속하는 개체의 개념이 발생하고, 이 개체와 대립되는 다른 개체의 등장이 뒤따르기 때문이다. 의식이 인지하는 개체성은 독립된 '자아'로 여겨지며, 이것은 다른 개체와 구별되는 독자적 정체성을 가진다. 정체성이 비록 개체성을 기반으로 형성되기는 하지만, 정체성이 어떤 '상태'라기보다 '활동'이라는 견해도 있다.[42] 이것은 정체성이 고정된 어떤 것이 아니라, 매 순간 바뀌는 '맥락'[43]이라는 것인데, 의식이 원래 '무엇'이 아닌, 변화하는 흐름의 '과정'이기 때문이다.

　뇌의 일차적 기능은 정보의 중앙집중화였으나, 정보유통에 의식이라는 특이 현상이 발생하였고, 이것이 뇌의 많은 활동을 장악하게 되었다. 원래 하나의 기능도 개체도 아닌 의식 현상은 자아라는 정체성을 형성함으로써 뇌와 인간의 주인으로서 행세한다. 과정으로서의 의식은 뇌와 다른 생체기관에서 일어나는 모든 정보의 유통을 대변하지도 통제하지도 못하지

42　Susan Greenfield, 『마인드 체인지』, p.114.

43　뇌신경의 시냅스는 정보 처리 과정에서 기억을 생성하고, 이 기억이 정보의 유통에 시간성을 부여한다. 이 시간성은 전후 관계의 맥락을 형성하는데, 이것이 정보에 일관성을 제공하고, 마침내 자아 곧 정체성을 형성한다. 맥락이란 '정보-시간성'의 다른 이름이며, 정체성은 실체가 아니라, 단지 시간상에서의 '자기-동일화'이다.

만, 진화의 과정에서 인간에게 새로운 차원을 열어준 것은 분명하다. 그러나 인간은 의식이라는 강력한 무기로 외부 환경에 대한 통제력을 높이기는 했으나, 이것은 인간 내부에 갈등과 모순을 야기하고, 정보유통 시스템에 정치적 불평등을 야기하였는데, 이것은 의식이 항상 부분적이고 편향적인 경향을 띠며 소외되는 의식을 양산하였기 때문이다. 정보유통의 전 과정은 통합을 상실하였고, 이것은 인간이 스스로 야기하는 고통의 씨앗이 되었다. 뇌는 처음부터 의도한 바는 아니지만, 인간의 주인 행세를 하는 의식이라는 시스템의 물리적 토대를 제공하고 있고, 이것이 뇌의 확장된 기능이다.

2) 인식과정

인식은 감각을 통해 시작되는데, 이 감각이 객관성을 가지지 못한다는 점이 인간의 인식에 어려움을 던져준다. 외부 경험은 감각질(qualia)[44]의 형태로 뇌에 수용되고, 그 주관성으로 인

---

[44] 감각질(Qualia)은 라틴어 'quale'의 복수형으로 4세기경부터 사용되었으나, 현대 철학적 의미로 재등장한 것은 1929년 크라렌스 어빙 루이스Clarence Irving Lewis에 의해서이다. Qualia란 현재 내가 느끼는 체험 전체, 지금 내가 바라보고 있는, 체험하고 있는 이 현실 전체에 대한 나의 느낌이다. 즉 이것은 감각하는 자가 주관적으로 감지하고 있는 실질적 체험 자체를 말한다. 인간은 동일한 색상을 보

해 지각은 보편성을 잃지만, 그럼에도 불구하고 인간은 언어의 개념적 수준에선 객관성을 확보하는데, 이것은 '상호주관성(intersubjectivity)'⁴⁵ 때문이다. 인간 세계란 아我와 타아他我가 동일한 세계를 경험하고 있다는 가정 하에 공인되는 '상호주관적 세계'이며, 엄밀히 경험과 인식의 차원에서 객관성이란 존재할 수 없다. 그러나 한 인간이 타인과 정보를 교류하고 사회라는 네트웍을 형성하기 위해선 공동의 토대가 필요하므로 상호주관성은 사회를 형성하기 위한 기본전제가 되어왔는데, 이 전제는 인간이 창안한 것이 아니라, 인간을 비롯한 모든 의식을 가진 생명체가 인식이라는 작용을 시작하는 시점부터 적응해오고 있는 선제적 조건일 뿐이다. 인간의 인식이란 자신이 불어놓은 풍선 안에 떠도는 빛의 산란 현상이다. 그리고 이 풍선의 개수는 살아있는 인간의 수와 동일하다.

지각은 생존에 중요한 정보를 추출하기 위해 감각재료에 내

지만, 각자가 체험하는 색상의 경험은 동일하다고 볼 수 없는데, 각자의 그 색상에 대한 Qualia가 다르기 때문이다.

45 에드문트 후설Edmund Husserl에 의해 시작된 용어로, 복수複數의 주체에서 발견되는 구조나 인식의 공통점을 가리킨다. 동일한 붉은 사과에 대한 두 사람의 Qualia는 각기 다르지만, 이들의 경험은 특정 범위 안에서 공통분모를 가지므로, 하나의 붉은 사과에 대한 논의가 가능하게 된다.

려지는 해석이다.[46] 지각이 해석이라는 의미는 정보의 원형 (prototype)에 왜곡이 발생한다는 것이며, 모든 지각 주체들은 결코 정보의 원형에 접근할 수 없다는 뜻이다. 이러한 정보의 변질은 감각수용기의 차이에 의해 그 편차가 달라지는데, 벌이나 파충류 그리고 인간에게 지각되는 세상은 분명 다를 것이다. 그리고 인간이 수용하는 감각정보와 최종적으로 지각되는 정보도 다른데, 이것은 뇌가 의도적으로 정보를 '재구성'[47] 하기 때문이다. 감각기관의 한계성으로 인해 정보가 보정되기도 하지만, 판단이 애매한 경우 과거 경험을 빌려오거나 현재 기대치에 상응하는 정보로 유도되기도 하는데, 이것은 뇌의 감각정보에 대한 신속한 적응과 생존을 위한 장치이다.[48] 지각은 사실이 있는 그대로 옮겨지는 기계론적 전환이 아니라, 정보 파악의 효율과 주관적 의도가 가미된 사실의 재구성이다. 뇌는 원천적으로 사실과 단절되어 있다. 뇌는 객관적 세계를 인식하는 것이 아니라, 자신이 확보한 재료로 '세상'이란 것을 구성한다. 세계는 뇌의 스크린에 비친 홀로그램이다.

뇌가 인지하는 세상은 해석으로 도출된 이미지의 세계이다. 뇌는 패턴으로 이미지를 인지하는데, 이 패턴을 통해 이미지

---

46 강봉균 외 8명, 『뇌 Brain』, p.229.

47 Eric R. Kandel, 『통찰의 시대』, pp.250~265.

48 강봉균 외 8명, 『뇌 Brain』, pp.221~229.

를 어떻게 해석하느냐에 따라 뇌의 경험방식이 달라지며, 무엇을 경험할지에 대한 주관적 미래 예측이 실제 인식의 내용에 영향을 미친다.[49] 그리고 인간은 혼돈 속에서 질서를 찾고 모든 것을 하나의 일관된 흐름으로 엮으려는 경향이 있어, 어떻게든 패턴을 찾아 다양한 가설을 세운다.[50] 인간이 질서를 찾아 통일성을 유지하려는 것은 자기 정체성과 깊은 관련이 있는데, 정체성은 생존에 민감하게 반응하므로 뇌는 자신의 생존에 정체성을 적극 활용한다. 그리고 외부세계에 질서를 부여하려는 경향 또한 생존에 바탕을 두고 있다. 외부세계의 혼란은 언제, 어떤 위험에 노출될지 모르는 불확실성을 일으키므로, 환경의 무질서를 분류하고 질서를 부여하는 일은 잠재적 위험을 관리하는 데 유용하기 때문이다. 이처럼 뇌의 해석 작용은 무작위가 아닌, 특정한 방향과 의도를 지닌다.

방향성을 지닌 뇌의 해석은 의미를 낳는데, 의미란 정체성을 가진 주체와 그 주체에서 발현하는 목표 지향성에 부합할 때 발생하기 때문이다. 그리고 인간이 향유하는 모든 가치도 이 의미에서 발생한다. 결국 뇌는 해석을 통해 문명을 창조하고 있다. 이런 방향성을 지닌 뇌의 인식활동을 지적한 것이 심리

---

49   Ray Kurzweil, 『마음의 탄생』, pp.56~57.

50   Michio Kaku, 『마음의 미래』, p.100.

학의 게쉬탈트gestalt[51] 이론이다. 이 이론의 특성은 '부분들의 관계를 이해함으로써 의미를 도출해 낸다'는 점에 있다. 뇌는 질이 떨어지는 불완전한 이미지 정보를 보정하고 상호 관련시켜, 맥락이 있는 의미로 정보를 해석한다. 모든 이미지는 주관적으로 재구성되므로, 인식과정은 '정보의 주관화'이다. 해석, 곧 주관화가 '나'라는 주체의 정체성을 강화하고 있으며, 정체성이 다시 해석을 주도하는 순환관계가 형성되어 있다. 이 순환관계가 형성되는 특이점이 정체성이 형성되는 지점과 동일하다.

3) 일반의식의 정체

의식은 '목적을 이루기 위해 다양한 변수(확보된 정보)로 이루어진 다중 피드백회로를 이용하여 이 세상의 모형을 만들어내는 과정'[52]이라는 정의가 있다. 이 정의의 특성은 의식이 고정된 정체성의 특성을 갖지 않고, 노출되고 보이는 변화하는 현

---

51 게쉬탈트Gestalt는 형태(form)라는 의미로, '전체는 부분의 합 이상'
    이라는 형태심리학의 중요한 개념이다. 게쉬탈트 심리학에선 현재
    경험되는 즉각적 자각을 중시하며, 맥락에서 사건이 속하는 전체성
    을 중요시하고, 이 전체성에서 의미를 발견해 낸다. 상호 대립되는
    부적응의 요소들을 직면하게 함으로써 소통과 화합을 유도한다.

52 Michio Kaku,『마음의 미래』, p.77.

상이라는 점을 지적한다. 이것은 전통적으로 가지고 있는 의식개념에 정면으로 반하는 견해인데, 인간은 의식을 자신의 정체성과 동일시해왔기 때문이다. 그러나 앞에서 살펴보았듯, 의식에 대한 현대적 학문은 의식이 단편적이고 일관성 없는 정보로 조합되어 재구성된 허구, 혹은 사실에 대한 객관성과는 원천적으로 단절된 주관적 해석의 파편이라는 점을 주장하고 있다. 의식에 부여된 정체성의 와해는 곧 인간 정체성의 와해로 이어지고, 나라는 주체(Ego)의 와해 과정에 명상이 관여하며, 이것은 인간의식의 진정한 모습을 찾는 탐구가 된다.

뇌의 인지 메커니즘에 드러나는 현상인 의식은 기억과 다르지 않다.[53] 의식에 대한 이러한 정의는 '표면의식'만을 가리키는 개념인데, 의식엔 인지 메커니즘에 결코 등장하지 않는 영역이 있기 때문이다. 표면의식은 현재의 것이든 과거의 것이든, 아니면 그 둘을 조합하여 만든 앞으로 다가올 것이든 모두 기억을 비추는 '다소 시간을 필요로 하는'[54] 과정이다. 뇌의 메

---

53 Ray Kurzweil, 『마음의 탄생』, p.53.

54 심리학에선 뇌가 의식적 결정을 하기 300밀리초ms 앞서 비-의식적 전조 현상을 측정할 수 있는데, 이것을 '준비전위(readiness potential)'라 한다. 표면의식이 인간 행위를 결정하는 것이 아니라, 그 이전에 다른 무엇(무의식)에 의해 결정되고, 그 결정이 단지 표면의식에 전달된다. 표면의식은 자신이 무엇을 결정하고 있다는 착각

커니즘은 한 시점에 많은 정보를 비추지 못하기에 항상 부분적이며, 각 시점에 어떤 정보를 비출지를 결정해야 하는데, 이 결정이 무의식에서 이루어진다. 그리고 이 결정된 바가 전전두엽(prefrontal cortex)과 두정엽(parietal lobe)의 동조 활동으로 비로소 표면의식에 노출되고,[55] 지각의 의식적 상태라는 것은 바로 이 대뇌피질에 포착되는 경험을 지칭한다. 인지적 의식이란 잠재되어 있는 무수한 정보와 실시간으로 들어오는 정보들에 대한 선별적 전시(display)이다.

표면의식이 특정 시점에 한정된 작업만을 할 수 있는 반면, 무의식은 여러 항목을 체계적이고 일관적인 방식으로 동시에 처리한다.[56] 또한 무의식은 표면의식에 출현하는 모든 사건들의 출발점이며,[57] 뇌의 인식작용과 판단과 의지가 발생하는, 즉 정보의 유통과 가공이 일어나는 현장이다. 일반적으로 무의식은 '인지 혹은 알아차림 없이 일어나는 뇌의 정보처리'[58]

상태에 있으며, 표면의식은 결정이 공표되는 스크린일 뿐이다. 이 실험은 1964년 한스 코른후버Hans Kornhuber의 실험을 바탕으로 1970년대에 벤저민 리벳Benjamin Libet이 행했다.

55 Eric R. Kandel, 『통찰의 시대』, p.550.

56 *Ibid*. p.554.

57 *Ibid*. p.552.

58 강봉균 외 8명, 『뇌 *Brain*』, p.153.

라고 정의되지만, 무의식은 많은 과정을 별도로 다룰 수 있는, 뇌 전역에 퍼져 있는 자율적이고 분화한 연결망으로 구성된 복잡한 그물이다.[59] 이미 논의된 바처럼 실질적인 인식이나 판단과 같은 과거 '의식작용'이라고 지칭하던 모든 활동들은 무의식적 작업이다. 뇌가 수행하는 대부분의 작업들은 표면의식에 올라오지 않으며, 외부 환경과의 소통을 위해 극히 일부의 활동만이 표면에 노출된다. 표면의식은 '대변인'일 뿐, 아무런 실권을 가지고 있지 않다.[60] 표면의식과 무의식은 상호 분리된 것이 아니라, 협업을 통해 각자의 역할에 충실하고 있는 것으로 보인다.

의식이 주관적 '자기'를 인식하는 것은 무의식의 과정이 표면의식을 주관하는 대뇌피질의 동조를 얻을 때 발생하는 것으로 보인다.[61] 그리고 의식이 자신의 인지 수행을 의식하고 지켜보는 능력을 메타인지(metacognition)라 하는데,[62] 의식은 이

59 Eric R. Kandel, 『통찰의 시대』, p.554.
60 이것에 대한 증거로는 많은 심리학, 신경학적 실험들이 행해졌고 입증되었다. ref.: Eric R. Kandel, 『통찰의 시대』, pp.233~593; 강봉균 외 8명, 『뇌 Brain』, pp.32~45, 128~134, 151~174, 185~209, 221~251, 293~309; Ray Kurzweil, 『마음의 탄생』, pp.49~118, 147~166, 187~260, 293~358.
61 *Ibid.* pp.549~551.

능력을 통해 자기 정체성을 확보한다. 정체성은 무의식 내에 일어날 수 있는 상충의 문제를 해결하는 도움을 주는데, '작화증'[63]의 예에서 볼 수 있는 의식의 합리화 현상 등에서 잘 나타난다. 다량의 그리고 시급한 정보유통에서 발생하는 불협화음은 어떻게든 통합이 이루어져야 하므로, '자기인식'은 이것을 주도적으로 행하고, 최소한 사회적 관계 속에서 자신의 결정과 행위를 설명하는 데 사용한다. 그 용도로 볼 때, 의식의 정체성은 진화론적 과정에서 분명 그 필요성으로 인해 발생한 것이 분명하다. 그러나 정체성은 인간에게 있어 철학적, 사회적 문제를 야기하는 시작점이기도 하다.

정보 해석을 통한 이미지의 주관화 과정인 의식은 정체성을 가짐으로 인해 기계적 정보유통의 과정이라는 단순한 메커니즘의 단계를 넘어, 하나의 '격(persona)'을 가진 '누구'의 단계로 전환되고 사회성을 띠게 된다. 의식이 '자기'라는 영역과 환경을 구분할 수 있게 됨은 또 다른 '자기'들과의 정치적 경쟁관계를 가지게 됨을 의미한다. 이것은 생존을 위해 많은 이점이 있지만, 인간이 고민하는 개인적, 사회적 고통 또한 여기서 발

---

62   Susan Greenfield, 『마인드 체인지』, p.276.

63   이야기를 꾸며내는 증세로, 분할뇌 환자에게서 뚜렷이 드러나며, 일반인에게도 흔히 일어나는 증세이다.

생한다. 의식의 주관적 측면을 '자기과정(self-process)'[64]이라
하는데, 의식은 이를 통해 자기반성, 자유의지, 책임 등이 가
능한 사회적 '존재자'가 된다. 그럼에도 불구하고, 결국 의식은
'이미지의 유통 현상'이다.

2. 소리의 길

소리를 통한 명상은 역사적으로 볼 때 가장 대중적이고 모든
문화권에서 널리 사용된 길이다. 일반적으로 노래와 만트라
mantra의 형태로 종교적 예식에서 쉽게 찾아볼 수 있는데, 장
구한 예식의 역사 속에서 운율이 갖는 명상적 요소, 즉 음파가
인간의식에 작용하는 원리가 많이 망각되었다. 물론 각 종교
문화권에서 예식에 사용하는 운율의 요소가 소중히 전수되고
는 있으나, 하나의 계율이나 관례, 예식의 예술적 요소, 심지어
주술적 요소로 인식되고 있는 것이 현실이다. 인류 문명의 초
기 시절, 운율을 종교적 모임과 예식에 도입한 이들은 그 특정
역할을 분명하게 인식하고 있었을 것인데, 그들이 이 운율을
일회적이고 간헐적이 아니라, 지속적으로 유지하고 정례화시
켰다는 사실로 알 수 있다.

---

64   Eric R. Kandel, 『통찰의 시대』, p.549.

운율 혹은 소리를 도입한 근본 이유는 인간의 의식에 공명을 만들기 위함이다. 특정 음파의 지속적 반복은 인간의식을 특정 파장에 묶어두는 역할을 한다. 인간의 생물학적 요소와 그 위에서 기능하는 의식[65]은 물질이므로 모두 미세입자로 형성되어 있으며, 각각 고유하고 일정한 진동을 가진다. 수많은 상이한 파장의 집합체인 인간은 그 파장들의 상호간섭 현상으로 늘 요동치고 분열되어 있는데, 강력하게 의도된 특정 파장은 한 인간 개체가 가진 각기 다른 파장을 하나로 통합하고 함께 공명하게 만든다. 물질의 본성인 파장으로써 물질인 인간 의식의 불협화음에 조화를 부여한다.

의도된 공명은 명상의 도구적 측면으로 볼 때 집중을 유도한다. 자신이 가진 내적 불협화음과 시시각각 다가오는 환경으로부터의 다양한 진동을 하나로 공명시키는 작업이 이루어지기 때문이다. 동시에 이것은 의도한 진동 외의 다른 파장으로부터의 물러남을 수반한다. 소리의 공명은 '집중과 물러남'이 자연스럽게 일어나도록 하는 매개이다. 의식이 충분히 특정 파장에 공명하기 시작하면, 의식은 서서히 엄격했던 일상적 실재성(consensus reality)[66]을 넘어 비-일상적 실재성(non-

---

65 제2부 '감각의 길'에서 의식은 특정 표기가 없는 한, 배경의식과 대비되는 일반의식을 지칭한다.

66 아놀드 민델Arnold Mindell이 도입한 용어로 다른 지각과 서로 교류

consensus reality)의 영역으로 진입하기 시작한다. 실재성에 대한 경계가 모호해진다.

현상은 일상과 비-일상이 하나로 어우러진 상태이다. 현대적 개념인 증강현실(augmented reality)에 비유할 만한 상태가 발생한다. 모든 것이 섞여 있고 세상은 혼합되었고 이제 하나로 인식된다. 이전에는 명료하다고 여겨지던 사실이, 이제는 그렇지 않을 수도 있다는 일종의 파괴, 혹은 무-규정성이 발생한다. '나'라는 에고의 장벽이 불분명해지고, 개체들 간의 경계인 그들의 정체성도 모호해진다. 나무와 바위가 인식되지만 굳이 그들을 나누어 인식할 이유를 모르게 된다. 이 지점에서 또 다른 물러남이 일어나는데, 단순한 외부 파장에서의 물러남이 아닌, 모든 실재성에서의 물러남이 발생한다. 이것은 총체적이며, 모든 것을 허용하며 동시에 아무것도 허용하지 않는다.

소리엔 2가지 측면이 있는데, 물리적 '음파'와 의미를 지닌 '개념'이 그것이다. 음파의 측면만으로도 소리는 명상의 도구로써 충분한 역할을 한다. 그러나 소리가 개념으로 전환됨으

하는 지각을 '일상적 실재(consensus reality)'로, 총체적으로 교감하지 않는 지각은 '비일상적 실재(non-consensus reality)'로 분류하였다. Cf. Arnold Mindell 지음 · 양명숙 옮김, 『양자심리학*Quantum Mind*』, 학지사, 2011.

로써 몇 가지 다른 점을 야기할 수 있고, 그 관문에 '감정유발'이라는 요소가 있다. 귀에 포착된 소리정보는 대뇌의 변연계(limbic system)을 거치며 의미를 지닌 정보로 바뀐다. 유의미해진 정보는 의식과 무의식에 감정을 유발할 수 있는데, 학습된 개념엔 선호도의 순위와 윤리적 평가가 담겨있기 때문이다. 새로이 입력된 소리는 기억된 소리와 비교되고, 의식은 자신과 관련된 소리에 민감해진다. 소리는 더 이상 물리적 파장이 아닌, 주관성을 띤 가치의 방향을 결정할 수 있는 힘을 지니게 된다. 인간의식의 강력한 한 축인 감정이 그 힘의 원천으로, 소리는 감정을 타고 모든 세포를 흔들어 한순간에 인간의 의식을 장악한다.

이 주관적 힘은 명상의 과정에 상호 반대되는 역할을 하게 된다. 소리의 가치가 부정적으로 평가되면 그 소리를 배척하는 파장이 생기고, 이것은 입력된 그 소리와 충돌을 일으켜 전체의식의 균형과 조화를 파괴한다. 반면, 평가가 긍정적이면 기존 의식의 파장에 쉽게 동화되고 의식의 균일한 진동에 도움을 준다. 긍정적 의미의 옷을 입은 파장은 의식의 집중을 강화시키는데, 특히 파장이 강한 감정을 동반하는 의미와 결합할 때 집중의 효과는 극대화된다. 그러나 이 의미와 감정을 동반한 파장이 항상 명상에 도움이 되는 것은 아니다. 감정과 연합한 소리는 집착을 낳고, 의식은 그 의미를 벗어나지 못하고 이미지엔 갇히게 될 위험을 안고 있다. 명상엔 집중과 더불어 물러남이 있어야 하는데, 의미에 대한 집착이 원천적으로 물러남을 불가능하게 한다. 명상은 바로 그 지점에서 멈추고 어떠한 진전도 없다. 물러남을 놓치면 자칫 모든 것을 망치게 된다.

소리에 의미를 부여하지 않고 중립으로 여기는 방법들이 있는데, 번거로운 부작용을 피하기 위한 장치이다. 이들 방법들에선 바라보는 의식이 외부에서 입력되는 소리정보와 의식이 만드는 내적 파장들이 대뇌 변연계를 거쳐 의미의 옷을 입기 이전의 상태를 포착하여 집중한다. 의도적으로 개념을 던져버림으로써 이원성에 바탕을 둔 가치의 차원을 벗어나고, 외부 다른 요인의 간섭이 보다 덜한 중립적 상태에서 집중과 물러남이 작동할 환경이 만들어진다. 이제 특정 파장을 인식하던 의식은 그 물리적 파장을 놓아 보내야 한다.

진동하던 파장이 잦아들어 소멸해가는 지점에 집중한다. 이 지점은 공간적 영역이 아니라, 차원의 전환이 일어나는 의식의 임계점, 즉 일반의식과 배경의식의 경계지점이다. 다른 측면에서 이 과정은 집중이 아닌 물러남이다. 변화에 바탕을 둔 파장의 세계에서 물러나는 일이다. 일상적이든 일상적이지 않든 모든 실재성의 영역에서의 물러남이다. 소리와 그 소리가 닿았던 그 경계지점마저 놓아 보낸다. 소리가 없었던 그 영역으로의 물러남이다. 세상이 없었던 곳으로의 물러남이다. 세상은 곧 소리이기 때문이다.

 의미부여를 하지 않는 방법들은 현실적으로 다소 약점을 가지는데, 일반적으로 이 방법들이 명상과정의 초기에 집중이 쉽지 않아, 지속적으로 행해지지 않는다는 사실이다. 명상은 간헐적 취미활동이 아니라, 끊임없이 모든 일상에 스며들어야 할 삶의 한 형태이므로 방법론이 지속성을 가지지 못한다는 점은 명상의 실제 수련에 장애요소가 될 수 있다. 의식의 집중에 숙달되지 않은 이들은 음파만을 고집할 것이 아니라, 의미와 연합할 필요가 있다. 의미에 감정의 도움까지 받는다면 의식의 집중이 결코 어려운 일은 아니다. 방법론에 가치등급을 매겨 선호도를 정하는 것은 강한 '자아'에서 기인하는 치기이다. 본인에게 실질적인 의식의 변화를 유도하는 길이 좋은 방법론이다.

 각 문화권에는 많은 만트라와 노래가 있다. 어느 것이든 본인의 의식에 가장 깊이 와 닿는 하나를 정하여 자신의 전 존재를 그 안에 쏟아 붓는 것이 중요하다. 이것의 유일한 목적은 음파가 끝나는 지점, 곧 소리가 허용되지 않는 영역의 경계에 도달하기 위함이다. 이것은 지루한 작업으로 느껴질 수도 있으나, 그 단일성이 우리를 어디론가 이끈다. 단일음파[67]에 일상

---

67 정확히는 짧은 하나의 패턴을 가진 파장의 그룹이다.

의 삶이 공명하기 시작하면 의식은 소리가 끝나는 경계지역을 배회하게 되는데, 이 지역에 자유로이 드나들 수 있다면 굳이 특정 소리가 아닌, 일상의 다양한 소리를 통해서도 언제든 그 경계지역에 도달할 수 있다. 마법적 소리가 무엇을 행하는 것이 아니라 의식이 자신의 길과 위치를 알기 때문이다. 이제 자신의 만트라가 아니어도 상관없다. 조화를 유도하는 소리라면 언제든 공명하며 그곳으로 갈 수 있기 때문이다. 산사의 종소리나 염불소리, 지나는 바람과 개울의 물소리, 새들의 지저귐과 낙엽의 바스락거림이 의식을 그곳으로 데려간다.

소리명상의 요점은 소리가 끝나는 지점에 도달하는 것이다. 처음엔 소리에 모든 관심을 쏟지만 이것은 소리에서 온전히 물러나기 위함이다. 소리는 변화의 세상을 대변한다. 모든 물질의 근원인 소리를 한 곳으로 모아, 소리가 멈추어야만 하는 그 경계지점으로 다가간다. 그리고 그 경계를 넘는다. 이것은 그 소리를 풀어주며, 곧 세상을 풀어준다. 연기가 바람결에 풀려나가듯 세상은 아련히 인식의 그물에서 저만치 빠져나간다. 의식 또한 그 만큼 물러나 있으며, 무엇을 바라본다는 것에서 풀려난다. 일반의식은 바라봄이라는 배경의식으로 스며들었다.

3. 시각의 길

고전적으로 인간은 5가지 신체감각을 가진다고 여겨졌으나, 오늘날 신경과학은 최소 10가지[68]의 신체감각을 제시하고 있다. 얼마나 더 많은 감각이 분류되어 나올지 모르는데, 그것은 감각에 대한 분류기준이 상당히 주관적이며, 근본적으로 각 감각의 독립적 실체가 모호하기 때문이다. 눈과 귀는 독립적이어도 이들을 통해 들어오는 정보가 뇌에 도착하면 더 이상 독립성이 완전히 유지되지 않는다.[69] 뇌는 다양한 경로를 통해 들어오는 정보를 종합하여 하나의 균일한 세계를 만드는데, 각 감각기관을 통한 정보는 세계구성의 한 요소일 뿐이다. 각 정보는 뇌의 재구성 과정에 접근할수록 단일화의 경향을 띤다. 이러한 단일감각에 대한 전제는 공감각(synesthesia)의 존재와 신생아의 감각발달에 관한 주장[70]들이 뒷받침하고 있다.

---

68 시각, 청각, 후각, 미각, 촉각, 통각, 온각, 평형감각, 고유수용성감각 proprioception(기계적수용기mechanoreception-관절과 근육의 위치 및 운동), 내부감각interoception(신체 내부의 감각-배고픔, 심장박동, 방광의 팽창 등)이 그것이다. 『New Scientist』, 2005년 1월호.

69 Jamie Ward, 『소리가 보이는 사람들』, p.87.

70 다프네 모러Daphne Maurer와 찰스 모러Charles Maurer는 신생아의 감각들은 분화되지 않은 단일 형태의 공감각에서 시작하며, 유아가

뇌의 균일한 세계구성에서 주도적 역할을 하는 것은 시각적 요소이다. 시각은 다른 감각들에 비해 사회성이 강한데, 인류의 출현 이후 그들의 생존에 결정적 역할을 한 것은 대부분 시각적 정보였고, 오늘날 인간이 가진 많은 가치들이 일차적으로 시각적 이미지와 깊이 관련되어 있기 때문이다. 그래서 인간 인식이 시각에 편중된 현상을 낳고, 시각적 이미지가 쉽게 의식에 영향을 미친다. 의식을 다루는 명상에 시각 이미지가 고대부터 모든 문명권에 널리 사용되어온 이유가 이것이다. 시각 이미지는 인간의식을 쉽게 집중시키는 특성을 가진다. 이것은 명상에 도움이 되지만, 결정적으로 장애를 일으키는 약점이 되기도 한다.

시각을 통한 명상과정에서, 선택되는 시각 이미지를 의미와 연결하는 것은 '소리의 길'에서 설명한 것처럼 집중을 강화시킨다. 그리고 많은 시각적 명상대상이 이미 의미와 결부되어 사용되고 있다. 시각 이미지와 개념적 의미의 연계가 너무 강하여 일부 문화권에선 집중의 대상이 시각적 이미지라기보다는 '주관적 의미'가 되어버리는 지나친 쏠림 현상이 발생한다. 이것은 이미지가 의미를 자극하고, 이 의미가 다시 감정을 유발하여 집중을 높이려는 의도이지만, 오히려 지나친 집중이

성장 과정에서 각각의 감각을 학습하며 분화시켜 간다고 주장한다.

이미지에 대한 집착을 낳게 한다. 최상의 가치평가를 받는 이미지가 감정까지 동원하게 되면 인간의 의식은 그것에 함몰되고 장악 당하게 된다. 어떻게 그 위대함과 황홀에서 빠져나올 수 있단 말인가? 이렇게 의식은 이미지에 갇히고, 명상에서 물러남이 철저히 배제된다.

시각의 길에서 가장 큰 난제는 물러남이 제대로 작동하지 않는다는 점이다. 이 길에서 집중은 상대적으로 어려운 작업이 아니다. 시각적 물러남의 어려움은 이것이 죽음과 연계되어 있기 때문이기도 하다. 시각적 이미지는 인간이 자신이 살아있고 세상과 연결되어 있음을 확인하는 주요 수단이다. 우리는 누군가 죽음을 맞이할 때 '눈을 감는다'라는 표현을 사용한다. 시각적 이미지의 단절은 죽음을 연상시키고, 이것이 두려움을 야기한다. 두려움이 물러남을 방해한다. 집중으로 흡수하는 그 강렬한 힘이 자신의 살아있음을 확인시키고, 살아있음을 향유하는 에고를 만족시킨다. 시각의 길에서 '물러남의 어려움'이란 '에고 강화'의 부드러운 표현이며, 현실에서 쉽게 발견되는 현상이다. 그러나 시각의 길은 누구나 쉽게 접근할 수 있고, 뚜렷한 진전과 강렬함으로 인해 명상에 편안함과 확신을 제공한다. 상실에 대한 불안만 극복할 수 있다면 장애는 쉽게 해결된다.

시각 이미지는 일반적으로 단순하거나 비구상非具象적인 것이 좋은데, 물러남에 용이하기 때문이다. 아무튼 자신의 정서에 깊이 닿아 있는 이미지가 선택되었으면 이제 그 이미지를 타고 존재의 저 깊은 곳으로 달려간다. 마침내 문화적 배경을 바탕으로 형성된 그 상서로운 빛이나 형상이 의식을 압도한다. 그러나 이미지에 의미가 남아있다면, 아직 이원성의 영역에 있다. 상서로움은 가치 평가에 의한 등급에 기반을 두고 있기 때문이다. 상서로움을 충분히 만끽했다면 이제 그것을 놓아 보내고 풀어주어야 한다. 이원성에서의 물러남이 필요하다. 상서로움이 연기처럼 아련히 풀려나가는 그 자리에 하나의 지점이 나타난다. 그것은 의식의 임계점이며, 배경의식과 일반의식의 경계이다.

시각명상의 요점 또한 시각이 끝나는 지점에 도달하는 것이다. 상서로움을 통해 집중을 유도하고 마침내 그 이면으로 물러남으로써 감각세계를 대변하던 시각적 이미지를 놓아 보낸다. 뇌가 구성한 홀로그래피의 세계를 흩어놓음으로써 그 배경을 확보해야 한다. 뇌가 기억과 실시간으로 들어오는 감각정보를 바탕으로 재구성한, 우리가 현실이라고 인지하는 세상은 공간 처리에 특화된 뇌의 두정엽(parietal lobe)에 존재한다.[71] 인간이 인지하는 세상은 일차적으로 뇌의 공간코드 차원

---

71   Jamie Ward, 『소리가 보이는 사람들』, p.206~207.

에 존재하며, 이것이 좌표변환(coordinate transformation)[72]을 통해 뇌 밖의 공간차원과 연결된다. 명상에서의 물러남은 뇌 안이든 밖이든 이미지의 차원에서 자유로운 더 근원적 차원으로의 물러남이다. 이것을 배경차원이라 지칭하기는 하나, 이 차원이 정말 근원적 차원인지는 확인할 길이 없다. 그 차원에 대한 규명이 아직 이루어지지 않았기 때문이다. 의식은 명상을 통해 그 영역들을 탐구하고 있을 뿐이다.

4. 촉각의 길

촉각은 온도와 압력과 질감 등을 아우르는 포괄적 차원을 가진다. 촉각은 청각과 함께 기계적 감각[73]에 속하며 넓은 의미에선 청각도 촉각의 일부분이라 할 수 있는데, 음파가 속 귀(내이)의 막과 섬유세포를 진동시키는 촉각의 하나로 해석될 수

---

72 한 좌표시스템에 나타난 데이터를 변형시키거나 투영하기 위한 수학적 계산을 의미하며, 여기선 두정엽 안에 형성된 홀로그래피를 시각뿐 아니라 청각, 후각, 미각, 촉각, 통각, 온각, 평형감각, 고유수용성감각(관절과 근육의 위치 및 운동) 등의 도움을 받아 뇌 바깥의 외부 세계로 전환하는 과정을 말한다.

73 감각을 물리적 에너지를 기준으로 볼 때, 시각은 빛의 감각, 미각과 후각은 화학적 감각, 청각과 촉각은 기계적 감각에 해당한다.

있기 때문이다. 발생학적으로 촉각은 원초적 감각에 해당하는데, 진화 초기의 단세포 생물은 접촉을 통해 정보를 받아들이기 시작했고, 단순히 기계적 압력만을 감지하던 수용기가 온도, 화학적 특성, 음파, 그리고 빛의 파장과 중력의 힘으로까지 세분화됨으로써 다양한 감각이 분화되어 나왔기 때문이다. 앞으로의 진화과정에서 어떤 감각들이 더 분화되어 나올지 알 수 없는 일이다.

갓 태어난 유아들은 성인들처럼 각각의 감각이 분화되어 있는 것이 아니라 하나의 공감각적 상태로 세상을 인지하며, 생후 1년 정도가 되어야 비로소 성인과 유사한 기초감각 능력을 가지게 된다. 인간은 출생 이후 지속적 학습에 의해 유전지도에 있는 자신의 감각을 활성화시키지만, 성인이 되었다고 그 감각의 분화와 활성화가 완료되는 것은 아닌 듯하다. 성인들이 가진 감각의 편차가 굉장히 심하며, 기존 감각분류에 속하지 않는 다양한 감각 형태들을 소유한 이들이 있기 때문이다. 촉각은 접촉이라는 감각의 원형적 타입으로, 시각이 사회성을 강하게 띠는 반면 촉각은 개인성이 강한 본능적 감각이며, 새로운 유형의 감각이 잠재되어 있는 감각의 모체라 할 수 있다.

촉각엔 개인성이 강하므로 주관적 왜곡이 일어날 여지가 많은데, 동일한 종류와 강도의 자극에 개인이 해석하는 감각의 성격이 달라지기 때문이다. 예를 들어 촉각적 고통이 일어날 경우, 위기의 상황이나 감정이 고조된 순간에 고통에 왜곡이 일어나는데, 군인이나 순교자, 모성을 지닌 어머니와 경기에 열중한 선수들에게 흔히 일어나는 일이다. 의식을 다른 곳에 집중하면 고통에 변화가 발생하는 촉각의 주관성은 단순히 고통의 감소라는 소극적 상황에만 발생하는 것은 아니다. 여성이 미용을 위해 고통을 감내하고, 성인이 되기 위한 입문식이나 군인과 같은 특정집단의 일원이 되기 위한 과정으로서의 고통, 흔하진 않지만 상상임신의 예들은 촉각의 주관성이 광범위하고 인간의 의식과 긴밀히 연계되어 있음을 보여준다.

이러한 주관성은 촉각의 시간성에 일부 의존한다. 촉각 수용기는 산들바람이나 입고 있는 옷의 감촉과 같은 동일한 자극이 지속적이면 자극에 적응하고 반응을 멈추는데, 촉각은 신체의 전 영역에서 끊임없이 일어나므로 촉각에 시간성을 부여하지 않으면 인간은 극도의 감각피로에 빠질 것이기 때문이다. 뇌는 촉각의 정보를 분석하여 그 내용이 확인되어 안전하다고 느끼면 그 자극에서 감각을 철회하고, 특정 변화가 일어나기 전까지 그 자극을 무시한다.[74] 촉각의 시간성은 신경활동의 중앙집중화가 일어나면서 개체를 보호하고 신경활동의

---

74 감각의 시간성이 촉각에만 있는 것은 아니지만, 촉각에서 두드러지는 것은 사실인 듯하다.

효율을 위한 장치인 듯하다. 촉각의 시간성은 또 하나의 독특한 면을 보여주는데, 일반적 촉각의 지속적 인지는 의식의 주의를 필요로 한다는 사실이다. 의도적이지 않으면 일반촉각은 곧 사라진다. 정확히는 의식의 관심에서 제외된다. 의식의 움직임에 민감한 이 특성이 촉각을 명상과 깊이 관련시킨다. 촉감의 유무를 통해 의식의 위치를 쉽게 확인할 수 있어 집중을 관리할 수 있으며, 촉각의 시간적 유한성을 이용하여 감각에서의 물러남을 용이하게 하는 이점이 있다.

촉각을 통한 명상과정에서는 우선 그 감각 지점에 초점을 맞추는데, 촉각이 원초적이고 본능적 정서와 강하게 연계되어 있어 의식의 집중이 쉽게 일어난다. 촉각은 기계적 요소에 근거한 분명한 형태를 지니므로 의식의 모호함을 담기에 좋은 그릇이다. 그래서 의식을 온전히 그 그릇에 담는다. 분명한 그 촉각이 세상을 장악하게 한다. 이제 그 감각이 의식을 압도하고 세상은 온통 그것으로 채워졌다. 의식의 주체도 압도되었다. 감각을 인지하는 주체의 필요성을 느끼지 못한다. 그 감각이 곧 세상이 되었기 때문이다.

이제 의식은 이러한 감각의 총체성을 살며시 놓아준다. 물러남이 일어나는 시점이다. 선명하던 감각은 자신의 시간성으로 인해 그 명료함을 흩어놓으며 인식의 영역을 빠져나간다. 아침 햇살이 살포시 품어주자 어둠에 나뒹굴던 이슬이 자신의 근원인 대기의 품으로 돌아가듯, 감각은 그렇게 배경의 차원으로 사라진다. 이 지점이 가장 중요한 영역이다. 감각이 자신의 선명함을 허무는 그 모습부터 미지의 배경으로 자취를 감추는 그 지점까지 바라보는 의식이 깨어있어야 한다. 의식은 감각이 사라진 없음의 그 지점에 온전한 바라봄으로 있어야 한다. 시간도 공간도 없는 그곳에 바라봄이 있다. 배경이 있다.

촉각은 주관성과 시간성 외에도 독특한 특색을 갖는데, '자기경계'의 파수꾼 역할을 한다는 점이다. 뇌는 대부분의 정보를 시각과 청각에 의존하지만, 내심 그들을 전적으로 신뢰하지 않는다. 많은 정보를 제공하는 대신, 왜곡과 허구라는 배신을 수시로 안겨주는 것이 시각과 청각이기 때문이다. 우리는 일상에서 현실임을 확인하는 방법으로 뺨을 때리거나 살을 꼬집는 방법을 사용한다. 뇌는 촉각이 자신을 속이지 않을 것으로 신뢰하는데, 그것이 원초적이고 인위적이지 않으며 있는 그대로를 드러낸다고 믿기 때문이다. 촉각은 살아있음을 느끼게 하는 감각이다. 촉각이 발현되는 '무언가에 닿을 때' 내부와 외부가 동시에 실재한다. 촉각의 경계가 자신과 외부세계와의 경계이다. 뇌는 무의식적으로 항상 자신을 재고 있으며, 촉각의 경계를 곧 자신의 경계로 인식한다.

촉각의 경계성은 명상과정에 중요한 의미를 가질 수 있다. 명상의 현실적 목적이 에고의 소멸[75]에 있기 때문인데, '나'의 경계를 관장하는 촉각을 잘 관찰하면 에고의 경계를 보다 쉽게 제거할 수 있다. '자기인식'에는 2단계가 있는데, 정체성 형성과 주체(Ego) 형성의 단계가 있다. 촉각의 경계성을 통해 내부와 외부를 구분하고 그 차이를 인지하는 것은 정체성의 단계이며, 복수의 정체성들에서 하나에게 우위와 우선권이라는 정치성을 부여하는 단계가 주체 형성의 단계이다. 인간의식은 다수의 정체성을 인식하지만, 반드시 그들에 대한 정치성을 인식해야 할 필요는 없다. 정치성 속에선 나와 타자가 하나가 될 수 없고, 하나의 정체성에 갇히게 된다. 촉각명상은 촉각이 풀어 사라지는 과정을 반복함으로써 의식이 경계성의 넘나듦에 익숙해지고 주체의 허구적 특성을 간파하여 그 정치적 경계를 걷어내도록 돕는다. 에고라는 울타리가 꼭 이렇게만 철거되는 것은 아니지만, 촉각의 와해과정은 에고 소멸에 충분한 작용을 한다.

촉각명상의 요점은 감각이 사라진 지점에 닿는 것이다. 촉각이 만들어 놓은 그릇에 온통 세상을 담는다. 시간도 공간도 감

---

75 명상에 대한 이해에서 '정체성'과 '주체(Ego)'를 분명히 구분해야 하는데, 명상은 주체만을 와해하려 하지 정체성까지 해체하는 것은 아니다. 일시적으론 정체성 해체를 경험하지만, 그것은 의식의 한 상태일 뿐이지 최종 목표가 아니다. 자세한 설명은 제1부, 3. 본질, B. 단계에서 이미 다루었다.

각도 이들을 인지하던 주체도 온전히 그곳에 담는다. 그리고 한순간 그 그릇을 깨트림으로써 내부와 외부의 경계가 사라진 영역과 마주한다. 그 사라지는 전 과정에 촘촘히 바라보는 의식이 있다. 감각이 스스로 사라져가는 그 여운의 꼬리 어딘가에 문이 하나 있다. 비록 감지되지는 않으나 감각이 그 문을 통해 방금 사라졌다. 분명 문이 있다. 바라봄이 그 문을 열고, 그곳엔 배경이 있다.

5. 생각의 길

생각은 다양한 감각정보의 상호 연계와 해석을 통해 산출된 감각의 종합물이다. 뇌는 감각 이미지를 편집하여 여기에 의미를 담아 개념을 만들고, 이들을 맥락이라는 연관성으로 엮어 흐름을 부여함으로써 생각을 탄생시킨다. 생각에 정교한 논리와 체계가 가미된 것을 사고思考라 표현하기도 한다. 뇌를 비롯한 신경세포, 그리고 각 기관과 조직을 이루는 세포들은 무의식이라는 형태로 끊임없이 감각정보들을 처리하지만, 뇌의 중앙집중화로 창발되어 감각정보 유통의 통제자가 된 표면의식[76]은 개별정보를 처리하기보다는 정보의 구조체인 생각

---

76   뇌의 두정엽(parietal lobe) 안에 재구성되는 홀로그래피 세계에 직접

을 처리하는 데 대부분의 시간을 보낸다. 표면의식의 주 고객이 생각이다. 하나의 과정인 표면의식과 여기에 담기는 생각의 상호 관계성만 잘 살펴도 감각과 이미지가 비켜난 그 지점에 닿을 수 있다. 생각이란 감각의 이미지로 형성된 건축물에 비유될 수 있는데, 명상과정에서 감각 이미지라는 재료보다는 건축물을 다루는 것이 어느 누구에게는 쉬울 수도 있다.

　표면에 잘 올라오지 않는 생각의 집단들이 실시간으로 무의식에 저장된다. 사람마다 운영체제가 약간 다르기는 하지만, 이렇게 쌓인 '생각의 무리'가 한 인간의 정체성 구성에 영향을 미친다. 의식은 기억의 체계이기 때문이다. 이제 의식에 포획되었던 감각의 이미지들이 의미와 감정의 옷을 입은 후 특정 그룹에 속하게 되었는데, 왠지 그 그룹의 분위기가 좋지 않다. 구성원들은 서로 어색하고 친밀감이 없다. 그러나 계속 밀려드는 '생각의 무리'에 밀려 이들은 편치 않은 한 방을 배정받아 저 어두운 곳으로 떠밀려 들어간다. 이 불편함을 통제자인 표면의식에 항의해 보지만, 들은 체도 않는다. 통제자는 늘 바쁘다. '불만의 무리'들은 이렇게 받은 냉대를 간직한 채 어둠의 세계, 불신의 세계, 고독의 세계로 갇혀 들어간다. 인간이라면 누구나 이런 관리와 보살핌이 결여된 구역 몇 개쯤은 가지고

　관여된 의식들을 지칭한다.

있다.

생각을 통한 명상과정에서 표면의식은 모든 생각을 허용한다. 표면의식에 나오고 싶은 모든 생각을 노출시킨다. '대사면大赦免' 혹은 '창고 대방출'이다. 누구 하나 예외 없이 그들은 밝은 영역, 관심의 영역으로 나와 언론의 조명을 받을 수 있다. 수십 년 전이었든 한 시간 전이었든 차별이 없다. 이 명상과정의 첫 작업은 '생각의 무리'를 표면에 허용하는 것이다. 쏟아져 나오는 무리들에게 어떠한 거부나 애착이 없도록 하는 것이 관건이다. 때로는 그 무리들에 충격을 받을 수도 있다. 자신의 내면에 저런 극악무도한 무리들이 있었음을 인정하기 싫은 것이다. 올라오는 생각들에 부정적 평가를 하지 않아야 한다. 이 평가가 그들로 하여금 발걸음을 되돌려 더 깊은 곳으로 숨어들게 한다. 이것이 상황을 더욱 악화시킨다. 이 고비를 넘기지 못하고 그들을 안으로 다시 밀어 넣으면 그 지점에서 이 명상과정은 정지한다. 생각을 통한 길을 평생 걸어도 진전이 없는 것은 많은 경우 이 때문이다. 이 과정을 달리 표현하면 내면의 화해나 조화라 할 수 있으나, 이것이 티끌 하나 없는 그런 화해와 조화를 의미하지는 않는다. 다음 과정을 위한 최소한의 정지整地작업, 평탄작업이 필요할 뿐이다.

생각의 무리가 자유로이 허용되기 시작하면 필요한 것이 자각이다. 이것은 깨어있는 관찰이며, 있음을 있는 그대로 보는 것이다. 허용 안에서의 강렬한 집중의 깨어있음이다. 허용은 거리감을 의미하는 물러남이다. 올라오는 생각을 그저 바라본다. 이들은 무리를 이룬 집단이고, 그들 사이엔 간격이 있다. 그 간격을 인지하고 바라봄의 영역에 포착한다. 집단 속에서도 개념과 이미지들 사이에 간격이 있다. 그 간격 또한 바라봄의 영역에 들여놓는다. 생각의 흐름이 계속 이어지나 그 속도에 변화가 생긴다. 그 속도의 변화 또한 바라봄의 관할이다. 생각의 흐름은 점점 느려지고, 어느 지점에서 생각의 덩어리들은 연속성을 상실하고 고정된 사진이 된다. 이제 생각은 슬라이드에 비치는 단편 이미지이다. 이 단편들 사이의 간격 또한 바라봄의 영역이다. 그리고 마침내 이미지가 사라진 지점에 닿는다. 여기는 일반의식과 배경의식의 경계이다. 이 이미지 없음의 지역 또한 물러나야 하는데, 자칫 비무장지대(DMZ)의 무기력[77]에 갇힐 수 있다. 더 깊은 곳으로의 온전한 물러남이 있다. 그리고 확연한 총체적 자각이 있고, 배경이 있다.

전통적으로 생각의 길엔 안따르 마운Antar Mauna[78]과 위빠사

---

[77] 많은 영성 수련자들이 이 지역에 갇혀 오랜 유배의 기간을 보낸다. 그들은 이성을 바탕으로 하는 개념적 정보는 충분히 가지고 있어, 사회적으로 선생의 역할을 하기도 한다. 그러나 이들은 아직 실체를 모른다.

[78] 힌두 문화에 고대부터 내려오는 명상법의 하나로 요가 전통에 남아

나Vipassana의 이름하에 많은 방법론들이 있다. 이 길은 마음, 곧 일반의식의 능동성을 부수는 과정이다. 마음은 쉼 없는 회전과 움직임을 가지는데, 이 동력의 중심을 와해하는 바라봄의 작용이 있다. 마음의 힘을 빼는 것은 마음을 제거하기 위함이 아니다. 인간이라면 누구든 마음을 움직이는 힘이 작용하지 않는 휴지休止의 상태를 경험해 보아야 한다. 그러지 않고는 결코 '쉼'의 의미가 무엇인지 모른다. 온전한 쉼이 있을 때 비로소 배경의식이 활성화된다. 배경의식은 시간과 공간을 넘어 존재의 바탕이 되는 차원이다. 단지 마음이라는 변화하는 현상의 과정이 지나치게 활동하고 있었을 뿐이다.

자신이 '무엇'인 양, 어떤 '권력'을 가진 양, 그러면서 '누군가'가 되었고, 뇌 안의 작은 공간에 홀로그래피의 모니터를 설치하고 세상을 감시하고 평가한다. 그리고 '나'라는 주체를 이미지 정보를 바탕으로 재현되는 '세상'이라는 현상의 최정점에 올려놓았다. '쉼'이 이해될 때 이 가상적 마음의 정체가 폭로된다. 마음의 정체에 관한 소문이 무성했고, 마음 자신도 누구보다 이 소문을 잘 알고 있었지만, 부끄러움과 두려움으로 애써 감추고 있었다. 경계지역으로 가는 하나의 길인 '생각의

있으며, 불교 수행법의 하나인 위빠사나Vipassana의 원형인 것으로 추정된다.

길'은 이 스캔들을 정면으로 파고든다. 그리고 마음으로부터 자백을 받아낸다. 마음엔 아무런 권력이 없고, 그는 스스로 침묵할 줄 알아야 한다. 그는 기능적 존재이다.

생각의 길이 갖는 이점 중의 하나는 특정 문화에서 자유롭다는 점이다. 감각이 갖는 특정 의미에 휘둘릴 필요가 없다. 어떤 생각이든 하나의 '생각'이라는 범주에 넣고 처리하기 때문이다. 생각에 대한 우위적 등급이나 윤리적 평가를 가하지 않고, 그저 하나의 '대상'으로만 인식하며 지속적으로 흘려보낸다. 의미와 감정에서의 물러남은 의식을 보다 쉽게 탈-사회화시킨다. 물러남의 차원에서 들여다보면, 세상은 저만치 있으며 의식은 단순한 방관자이다. 이제 의식에 비치는 상황이 구석기이든 미래의 어느 시점이든 무관하다. 사회와 단절된 의식은 뚜렷한 정체성을 필요로 하지 않는다. 주체는 더더욱 불필요하다. 무엇을 위해, 누구를 위한 권력이란 말인가? 이제 보니 의식엔 주관성이 꼭 필요한 것이 아니었다. 자질구레한 옷을 벗고도 의식은 이처럼 온전하지 않은가? 전에는 옷이 없으면 죽는 줄 알았다. 그런데 이 홀가분한 상황은 무엇이란 말인가? 의식은 이미 배경에 진입해 있다.

생각의 길에 불교는 독특한 방법을 첨가했는데, 화두話頭를 이용하는 간화선看話禪이 그것이다. 모든 생각을 허용하는 위빠사나와 다르다고 느낄 수도 있으나, 간화선은 위빠사나의 특화된 구조일 뿐이다. 위빠사나는 다양한 생각을 자유로이 허용한 뒤, 생각이 없는 지점을 확보하고 배경의식으로 진입하는 구조를 가진다. 반면, 간화선은 모든 생각을 화두에 농축시켜 생각 자체를 무력화시킨다. 감각과 이미지와 개념과 감정이 만들 수 있는 모든 다양성을, 즉 세상 자체를 화두 안에 구겨 넣는다. 존재하는 것은 바라보는 의식과 세상을 통째로 삼킨 화두뿐이다. 여기서 화두는 처음부터 논리적 모순을 가지며 스스로 바람처럼 와해될 수밖에 없는 특성을 가지고 있다.

이제 바라보는 의식과 화두의 마지막 혈투만이 남았다. 그런데 의식이 찬찬히 화두를 살펴보더니 폭소를 자아낸다. 화두란 녀석이 애초에 엉터리 같은 녀석이었다. 혈투랄 것도 없이 의식은 뒤돌아서 웃을 뿐이며, 그 뒤엔 아무것도 남아있지 않다. 폭소의 뇌관은 세상이 온전히 화두에 농축되었을 때만 폭발한다. 철학적 간교함은 무의미하다. 간화선은 생각을 묶음으로 날려버리고, 위빠사나는 지속적으로 놓아 보낸다. 쓰레기를 하나하나 버리는 것과 통에 담아 버리는 것이 굳이 다른 것이라면, 그럴 수도 있겠다. 어찌되었든 결국 이 둘은 경계를 넘어 배경으로 들어간다.

생각의 길이 가진 문제점은, 사실 생각보다 접근이 난해하다는 점이다. 자신이 자신을 죽여야 하는 일종의 자살행위이기 때문이다. 마음은 생각 없음을 견디지 못한다. 마음은 생각을 먹고 사는 짐승이다. 이 길이 쉬울 수 있는 상황은, 시간을 넘은 차원에서 엄청난 바라봄이 농축되어 있는 경우, 그리고 현실에서의 극단적 고통을 통해 물러남이 응축되어 있는 경우 정도라 할 수 있다. 고통이란 것이 의외로 쓰임이 많다. 쓰레기를 하나하나 버리는 것은 지루한 작업이 될 수도 있으며, 실시간으로 계속 버린다고는 하지만 눈앞의 것을 치워 뒤에 쌓아두는 형국일 수도 있다. 통에 담아 버리는 것도 쉽지는 않은데, 통에 열심히 모아도 모자랄 판에 담아놓은 것마저 흘리고 다닌다. 자신이 선택한 방편의 평판에 도취되어 정작 자신이 무엇을 하고 있는지도 모른다. 시작을 하고도 진전이 없는 것은, 그 방편의 작동원리를 제대로 알지 못하거나, 그것에 대한 열정과 간절함이 없기 때문이다. 잔인한 얘기일지는 모르나, 아직 덜 아픈 것이다. 적당한 불편함과 기쁨이 뒤섞인 세상이라는 영화에 만족스러운 것이다. 이런 경우 고통이 그들을 구제할 복음福音일 수도 있다. 궁하면 길이 있는데, 아직 풍족한가 보다.

생각명상의 요점은 생각을 통해 생각 없음의 지점에 이르고, 이 지역을 넘어 판단 없는 차원으로 들어가는 것이다. 생각의 집단인 마음의 위세가 대단하다. 처음부터 마음이 이런 힘을 지니지는 않았을 것으로 추정된다. 인간 현상의 어느 지점에서 마음이 인간 현상을 장악했으나, 이제 마음의 개별체인 일부 생각들이 마음에 반기를 든다. 반체제적 생각들은 마음의 폭정을 와해시키기 위해 기억에서도 아련한 오래전 마음에 의해 추방되었던 배경의식을 복권시키려 한다. 반체제적 무리는 마음의 세력이 약한 변방으로 향하고, 마침내 그 경계에 이른다. 그 경계 밖에 배경의식이 잠들어 있기 때문이다. 반체제 무리는 집중과 물러남을 수단으로 이 경계에 올 수 있었고, 마음의 파수꾼들이 없는 지점에서 물러남에 마지막 힘을 쏟으며 경계를 넘는다. 마침내 배경의식이 깨어나고, 집중과 물러남의 관찰은 잠시 휴식을 얻는데, 배경의식이 스스로 자신의 자리를 회복할 것이기 때문이다. 그리고 그 귀환의 선봉에 집중과 물러남이 있다.

6. 감각을 넘어

감각과 생각의 울타리를 벗어나 펼쳐지는 영역은 배경의 차원이다. 이 미지의 세계로 향하는 탐사가 명상이다. 명상은 인간 사회에 지치거나 넌더리가 나 도망가는 휴양지로의 은둔이 아니며, 번잡한 사회를 경멸하며 고고한 이상만을 꿈꾸는 신선 놀음도 아니다. 미지의 세계를 개척하는 것은 기존의 사회를 더욱 넓은 지평 속에 놓음으로써 인간에게 더 많은 선택지를 제공하고, 문제해결 방식에 새로운 안목을 주기 위함이다. 감각을 넘어가는 것은 감각을 떠나기 위함이 아니라, 건강한 감각을 회복하기 위한 변화와 성장의 과정이다. 미지의 영역으로 깊이 들어갔던 감각은 배경의식과 함께 돌아옴으로써 마음이 있어야 할 제자리와 역할을 찾아주고, 배경의식을 기반으로 마음과 감각과 현상들이 평화로이 공존하는 마당을 펼쳐낸다. 돌아오지 않는 감각은 도망자이지 탐험가가 아니다. 탐험의 의미는 길의 연장에 있다.

감각의 세계에 배경의식을 불러들이는 것은 혼돈의 인간 현상에 질서를 회복하기 위함이다. 원형적 현상에선 배경의식이 활성화되어 있었음이 분명한데, 배경의식이 새로이 만들어지는 무엇이 아니라 다시 활성화될 뿐이기 때문이다. 배경의 활성화는 원형의 복원이며, 인간의식의 '초기화'를 의미한다. 판단 없는 배경의식과 판단으로 현상을 재구성하는 일반의식의 종합공연이 인간 현상이다. 이 현상에 무엇이 결핍됨으로써 인간은 혼돈의 늪에 빠져있다. 감각과 배경의식의 만남은 원형을 복원하는 '의식의 초기화'를 실현하는 사건이다.

배경의식을 복원함으로써 이루는 의식의 초기화는 명상의 종착지가 아니며, 특정 문화권에서 언급되는 깨달음이나 해탈이 아니다. 명상은 철학적이고 종교적 종착지에 대한 규명이 아니다. 이것은 물리적 차원과 비-물리적 차원에 함께 걸쳐 있는 인간존재를 규명해가는 인간의식에 대한 과학이다. 인간의식을 의식을 통해 다루고 연구하는 좀 색다른 과학일 뿐이다. 그래서 '탐사'라는 말이 가장 적절할 듯하다. 직접 발을 들여본 만큼 이해하고 설명을 시도하여, 다른 이들도 동일한 방법으로 동일한 지점에 도달하는지 확인한다. 반복적 확인과 그것의 지속성을 통해 의식과 인간에 대한 하나의 지식을, 인간 삶의 한 방식을 정립해 나간다. 인류사에서 형이상학적 요소인 언어가 인간 삶을 현격히 바꾸어 놓았듯이, 비-학문적 요소로 치부되던 명상이 인간에게 새로운 지평을 열어 보일 것이다.

해탈이나 천국의 문제는 종교인들에게 맡겨 놓을 일이다. 명상은 그들이 규명해야 할 '그 무엇'에 대한 단초를 제공하는 기초작업이다. 어떤 철학적 전통이든 '배경의식'의 확보 없이는 모든 실제적 논의가 불가능하다. 비록 각 전통에서 사용하는 용어는 다를 수 있으나, 의식의 '판단 없는 차원'을 본격적 영성(spirituality)의 출발로 보고 있기 때문이다. 이 지점을 확보해야 진정한 입문入門이 이루어졌다고 할 수 있다. 그 이후에도 지속적인 과정이 있으나, 입문이 이루어지지 않은 상황에서의 논의는 무의미하다. 그래서 명상에 관한 이 글은 입문이 완료되는 지점인 배경의식에 이르는 과정만을 설명하고 있다.

제3부 **일상의 길**

1. 손끝의 상황

명상은 '인간의식이 어떤 상태로 있느냐?'에 대한 응답이며, 시간과 공간의 좌표를 바탕으로 매 상황에 존재하는 '의식의 상태'에 관한 문제이다. 그래서 이것은 인간이 무엇이고, 의식이란 무엇인가, 혹은 사건이 왜 발생하고 어떤 의미가 있는가 등에 관한 개념적 고민이 되어서는 안 된다. 명상은 철학적 사변思辨이 결코 아니기 때문이다. 이러한 사변은 명상의 예비단계에서, 그리고 그 명상이 보편타당한 길에 있는가를 검증하는 과정에서 필요한 부수적 작업이다. 열흘을 굶었다면 필요한 것은 당장 입에 들어갈 수 있는 음식이지 요리책이나 멋진 주방이 아니다. 명상은 위대한 깨달음이 무엇인지, 인간이 어떻게 살아야 하는지를 고민하지 않는다. 반면, 그런 멋져 보이는 고민이나 생각을 놓아버리고, 삶을 보여주고 만져지게 한다.

명상은 주어지는 상황을 평가하는 이성의 작업이 아니라, 상황을 온전히 느끼는 교감이다. 상황에 전적으로 감응하고 이것을 허용한다. 매 시점 다가오는 사건을 어떻게 받아들이고 있느냐를 살핀다. 손끝에, 얼굴 표면에, 심장의 요동에 너울대는 그 찰나의 사건을 접하고 있는 의식상태를 결정하는 일이다. 그래서 명상은 특정 시간에만 하는 취미활동이 아니라, 모든 일상에 적용되어야 할 인간존재의 방식이다. 일상을 떠난 명상은 진정한 명상이 아니다. 물론 초기에 특별한 훈련과정이 필요하기는 하나, 이것은 일상에 적용하기 위한 준비작업일 뿐이다. 평생 이런 초보적 훈련소에만 있으려 한다면, 그에게 돌아오는 것은 지루하고 답답한 생기 없는 방편의 무덤뿐이다. 훈련소는 실전을 위한 못자리이다.

진정한 삶은 우리의 손끝에서 펼쳐진다. 제3부 일상의 길은 이처럼 생생히 살아있어야 할 명상의 개별방법에 대한 이야기다. 일상에서 명상의 도구인 집중과 물러남이 구체적으로 어떻게 적용되는지를 설명한다. 굳이 방법을 논하자면 수백 수천이 될 수 있지만, 편의상 인도 전통에서 내려오는 문헌『위갸나 바이라와Vijñāna Bhairava』[79]를 통해 구체적 수련방법을 소개한다. 다양한 방법론에서 명상이 얼마나 우리 가까이에

있는지 살피고, 다양한 모습들 속에서 그 원리를 쉽게 이해할
수 있도록 하기 위함이다.

2. 위갸나 바이라와(VIJÑĀNA BHAIRAVA: 실재성에 관한 지식)

24.[80] Bhairava answered: The exhaling breath should

---

79 카쉬미르 샤이비즘Kashmir Śaivism의 중요한 문헌으로, Vijñāna는 경
   험적 지식, 순수의식, 자각의 의미를 가지고, Bhairava는 절대적 실
   재성을 지칭하는 용어이다. 그래서 문헌의 이름은 '궁극적 실재성
   에 대한 지식'이란 뜻을 가지며, 112개의 dhāraṇā(집중방법)를 소
   개한다. 이 문헌은 Sanskrit로 쓰여 있으며, 본 글에서 사용하는 경
   구의 영역본은 Kashmir Śaivism 전통의 스승인 Swami Lakshman
   Joo(1907~1991)가 전해준 자료를 바탕으로 그의 제자들에 의해 출
   판된 'VIJÑĀNA BHAIRAVA : The Practice of Centering Awareness.
   Varanasi: INDICA. 2002.'에 있는 번역을 사용하였다. 저자의 한글
   역은 수련의 기술적 설명을 위해 직역보다 의역을 했으므로 언어적
   오류가 있을 수 있으나, 명상 기술을 이해하기 위한 어려움은 없을
   듯하다.

80 원문은 총 163경구로 구성되어 있고, 112개 명상법에 관한 설명은
   경구 24에서 138까지이다. 총 115개 경구이지만, 한 방법에 대한 부
   연 설명의 경구가 있어 그 수가 늘어난 것이다. 소개하는 명상법이
   112개이든 211개이든 중요하지 않다. 112개는 예를 든 것이며 실제

ascend and the inhaling breath should descend, (both) forming a visarga[81](consisting of two points). Their states of fullness (is found) by fixing them in the two places of (their) origin.

바이라와가 답하길: 두 개의 점을 형성하며, 날숨은 올라가고 들숨은 내려가네. 두 근원의 지점에 고정될 때 충만이 발견되네.

호흡의 흐름을 바라보는 수련이다. 호흡 수련을 할 때, 우선 호흡을 들이마시며 시작하는 경우가 대부분이다. 사실 들이마시든 내쉬든 상관이 없다. 생명이 있는 한 둘의 과정이 끊임없이 이어지기 때문이다. 그러나 호흡 수련에서 잘 내쉼이 더욱 중요하다. 끝까지 깊게 내쉴 때 들어오는 숨은 저절로 깊어진다. 충분히 내쉬지 않음은 내부에 무엇을 남기는 것이고, 이것이 들어오는 무엇을 방해한다. 내부를 교환하고 싶다면 우선 모든 것을 비워내어야 한다.

들어오는 것에 관심이 많다면 자연스럽게 무엇을 내면에 축

방법은 숫자의 문제를 넘어 있다.

81 Sanskrit어 끝에 발음되는 소리이며, ' : '로 표기되며 창조와 방사放射의 힘을 표현하므로 Śiva와 Śakti의 상징으로 사용하기도 한다.

적하게 되고, 이것이 구심력을 형성하여 자아를 강화시킨다. 들여놓은 무엇을 관리하고 지키고, 이것으로 무엇을 하고 싶은 심리가 발생하기 때문이다. 이런 구조가 형성되면 명상수련은 거꾸로 간다. 염력念力과 자아를 강화하여 능력자가 되고 싶다면 모를까, 명상은 기본적으로 구심력을 해체하는 확장의 작업이다. 인간의 정신적, 신체적 많은 문제가 무엇을 끊임없이 쌓아놓기 때문에 발생한다. 제대로 처리되지 않은 수많은 심신의 물질이 인간을 병들게 한다. 건강하고 싶으면 잘 배설해야 한다. 화학적으로 심리적으로 가능한 모든 잉여물을 배설해야 한다.

일부 전통에선 들어오는 숨을 통해 생명력(prāṇa)을 많이 마셔야 한다고 주장한다. 자연의 생명력은 분명 존재하며 인간은 이것을 필요로 한다. 그러나 그 생명력을 많이 마시려 상상하고 공기를 끌어들인다고 그것이 많이 들어오지 않는다. 생명력은 자신의 순환원리를 가지고 있으며, 조건이 맞으면 순리에 따라 그저 흐른다. 몸에 흐르는 혈 순환을 우리가 고민하지 않아도 피는 끊임없이 흐르며 자신의 역할을 다하고 있다. 피를 억지로 돌리려 노력하는 사람은 없다. 진정 원활한 혈 순환을 원할 때, 우리는 그 순환을 상상하지 않고 몸의 전체적 조화와 균형을 관리한다. 생명력의 흐름 또한 우리 의식이 고민할 문제가 아니다. 인간이 전체적 조화와 균형을 이룰 때 자연의 생명력은 스스로 흘러넘친다. 생명력을 많이 가지려는 신경증적 강박이 오히려 생명력의 흐름을 막는다. 생명력을 해방시켜라. 이것이 진정 그들과 가장 가까워지는 방법이다.

다시 경구로 돌아와, 이 수련은 나가는 숨을 실시간으로 관찰함으로써 시작한다. 일부 의식은 호흡이 충분히 그리고 자연스럽게 나가도록 관리하는 반면, 대부분의 의식은 나가는 호흡을 놓치지 않고 바라보며 함께 나간다. '나간다'는 표현을 사용하지만, 이 지점이 이산화탄소가 빠져나가는 공간을 가리키지는 않는다. 이산화탄소는 잊어라. 나가는 지점은 표현이 곤란한 어느 차원이다. 수련자 스스로 그 지점을 이미 알고 있다. 어느 것 하나만을 바라본다는 것은 표면의식에 그것 외의 다른 모든 이미지를 내려놓으라는 의미이다. 호흡이 충분히 나가면 바로 들어오는 숨을 바라보며 함께 들어온다. 그리고 바라보며 나가는 순환을 지속한다.

이 단계에서 '나고 드는' 호흡만을 바라보는 것이 중요하다. 물론 수련의 출발에서 충분히 내뱉는 호흡을 관리해야 하지만, 이 작업은 곧 무의식에 맡겨 자동화되므로 특별히 표면의식에 떠올릴 필요는 없다. 나고 듦을 놓치지 않아야 하는 것은 이 작업이 의식의 집중을 강화시키는 훈련이기 때문이다. 뒤에 나오는 경구에선 이 작업 없이 바로 멈춤의 지점으로 들어가는데, 이것은 집중이 숙련된 이들을 위한 방법이다. 자신을 과신하는 성급함으로 '나고 드는' 이 작업을 소홀히 한다면 멈춤의 영역을 감당하지 못하고 튕겨져 나오게 된다. 입구를 막은 빈 병을 아무리 물속에 밀어 넣어도 물은 병을 밀어낸다. 바라봄이 성숙해야 한다. 이제 세상엔 나고 듦이 있고, 그리고 바라봄만이 있다.

다음 단계로, 나고 듦이 무르익으면 그 전환점이 뚜렷이 감지되기 시작한다. 이제 나고 듦이 있고 그 사이 두 지점이 보인다. 그 멈추어진 지점이 처음엔 짧고 약하지만 점점 더 길고 명확해진다. 여기서 주의할 것은 '두 지점에 고정'이 그 지점에 애착을 느끼고 갇히라는 뜻이 아니다. 그러나 많은 이들이 그 멈춤의 길이를 연장하려 노력한다. 멈춤의 시간적 길이는 아무런 의미가 없다. 대신 그 멈춤이 명확하고 강렬하며, 중요한 것은 자발적이어야 한다. 멈춤과 나고 듦에 의도가 없어야 하고, 그들 사이에 균형을 유지한다. 그리고 기다린다.

바라봄엔 긴장이 없어야 하고, 전적으로 물러나 있는 허용이 있어야 한다. 이 물러남이 무르익을 때, 두 지점에 압도적 충만이 있다. 경구엔 '충만'으로 표현되나 '압도'에 더 가까울 수도 있다. 이것은 전적으로 자발적이다. 가끔 이것을 상상하려는 이들이 있는데, 더 깊은 이미지의 감옥에 갇힐 뿐이며 이들에게는 '압도'가 결코 일어나지 않는다. 감옥 안에 그 압도가 들어오는 일이 없기 때문이다. 발견된다는 표현은 조작적이지 않으며 원래 있음이 드러난다는 의미이다. 온전한 수동성 속에 멈춤의 두 지점이 있다. 멈춤의 지점은 하나의 문이고, 이제 그 문을 통해 다른 차원이 열린다. 판단하지 않는 의식, 배경의 식이 눈을 뜬다. 이제 입문이 완료되었다.

25. O Bhairavi, by focusing one's awareness on the two voids (at the end) of the internal and external breath, thereby the glorious form of Bhairava is revealed through Bhairavi.

바이라위[82]여, 깨어있음을 들숨과 날숨의 두 빈 지점에 둠으로써 바이라와의 영광이 바이라위를 통해 드러나네.[83]

이 수련은 나고 드는 호흡의 멈춤에 바로 진입하는 방법이다. 물러나는 바라봄이 두 지점에 있다. 기다림이 있고, 압도

---

82 카쉬미르 샤이비즘Kashmir Śaivism 전통에서 Bhairava는 궁극적 실재성을, Bhairavi는 그 현상적 힘이나 표현을 의미한다. 그래서 종종 Bhairava는 Śiva에 Bhairavi는 Śakti에 비유되며, 남성과 여성을 상징하기도 한다.

83 Bhairava(실재성)의 영광이 Bhairavi(판단 없는 의식)를 통해 드러나며, 들숨과 날숨 사이의 두 빈 지점은 이것을 상징한다. 여기서 Bhairavi는 현상의 모체이다.

적 충만이 있으며, 배경의식이 깨어난다. 이제 비로소 궁극적 실재가 판단 없는 자각을 통해 드러난다. 이렇게 입문이 완료된다.

앞의 수련과 달리 나고 드는 호흡에 주의를 기울이지 않는다는 사실은 명상에 있어 호흡 자체가 필수적 요소가 아닌, 집중과 물러남을 유도하기 위한 하나의 도구에 불과함을 보여준다. 명상의 일차적 목표는 차원을 전환하는 일이다. 변화하는 현상만 난무하는 차원에 변화가 없는 차원을 열어 놓음으로써 일반의식인 마음에 충격을 가한다. 마음은 자신이 현상의 정점에 있으며, 특히 인간 현상을 장악하고 있다고 여겼다. 그러나 배경차원이 열림으로써 마음은 자신이 하나의 기능에 불과함을 알게 되고, 지금껏 행사하던 절대권력을 포기한다. 압제 하에 있던 모든 감각과 의식들은 해방을 맞고, 새로운 세상에서 새 질서에 적응해 나간다. 이것이 입문을 통해 얻는 혜택이다.

호흡과 관련한 또 다른 수련에는 두 지점이 아닌, 한 지점을 이용하는 방법이 있다. 호흡 자체를 하나의 점에 몰아넣든지, 혹은 호흡과 몸 전체를 하나의 점으로 환원시켜 바라본다. 중심엔 늘 호흡이 있고, 신체 또한 인식된다. 그러나 이들을 뚜렷이 인식하는 것이 아니라, 이 모두가 들어 있는 하나의 지점을 인식한다. 처음엔 이 지점이 굉장히 크게 느껴질 수도 있으나, 점점 그 지점이 작아진다. 수련이 익숙해지면 호흡과 몸이 작은 점처럼 보이기 시작한다. 그리고 그 점은 세상의 현상과 함께 떠다닌다. 그 점과 외부 상황이 늘 함께 인식된다. 호흡이 멈추지 않듯, 그 점은 지속적으로 인식되어야 한다. 물러남의 바라봄이 그 점과의 거리를 점점 넓혀가고, 바라봄에 온전히 긴장이 풀릴 때, 문득 바라봄은 배경의 차원에 들어와 있다. 입문이 이루어졌다.

이 방법은 언제 어느 곳이든 일상의 모든 상황에서 수련이 가능하다. 외부 상황과 대비되는 점을 바라보기 때문이다. 무대 위에 있는 하나의 풍선을 보는 것이다. 그리고 어느 순간 그 풍선이 '펑' 사라진다. 이 방법은 심리적 자아의 중심점을 흘러가는 현상 안에서 터뜨리는 수련이다. 하나의 점을 통해 바라봄이 점점 강해지고 명확해지고 있었다. 비록 세상이 그 주위를 어지럽게 스치고 지나갔지만 바라봄은 그 모두에서 물러나 있었고, 서서히 세상을 빠져나오고 있었다. 마침내 그 한 점마저 세상에 던져버림으로써 의식은 변화하지 않는 차원을 확보한다. 바라봄은 배경의식이 되었다.

---

26. The Energy of Breath should neither move out nor enter; when the center unfolds by the dissolution of thoughts, then none attains the nature of Bhairava.

숨의 기운이 나오지도 들어가지도 않네; 생각의 소멸로 그
중심이 펼쳐지니, 누구도 바이라와의 본성을 알지 못하네.

이 경구는 앞의 두 수련에 일어나는 핵심적 요소에 대한 설
명이다. 숨이 멈추는 지점이 선명하고 오롯해진다. 생명의 활
동조차 멈춘 지역이며, 너덜너덜 이미지를 엮어 만든 생각들
이 모두 밀려난 지역이다. 생각이 멈춘 곳에 바라봄만이 있다.
보아야 할 대상이 없는 바라봄에겐 바라보는 '보는 자'마저도
필요치 않다. 주관과 객관의 이원성이 더 이상 필요 없다. 오롯
한 바라봄만이 있고, 마침내 이것은 자각(prajña)이 된다. 바이
라와(Bhairava: 실재성)가 스스로를 드러내지만, 그 특성을 아
는 자는 아무도 없다. 이미 '보는 자', '인지하는 자'가 사라졌기
때문이다. 비록 아무도 알아주는 이 없으나 실재성은 스스로
여여하다.
　숨이 나고 들지 않는 지역이 안정화되기 위해선 많은 수고
가 필요할 수도 있다. 사람들에게 이런 지역은 두려움을 일으
키기 때문이다. 생각이 소멸되고 생명의 기운마저 끊겼다. 이
것은 칠흑 같은 어둠을 토해내는 동굴 안에 갇히거나, 끝을 알
수 없는 심해로 가라앉는 듯한 느낌을 준다. 오히려 죽음이라
면 더 낫지 않을까? 뭔가 이어질지 모른다는 막연한 기대는 있
으니 말이다. 이러한 절명의 '단절'을 견디지 못하는 의식은 그

지역에서 도망친다. 이원성에 생명줄을 걸고 있는 의식은 아직 준비되지 않았다. 그 압도적 소멸에 스스로 뛰어들 수 있을 때까지.

모든 명상의 길엔 이 구역이 놓여 있다. 누구에게나 당혹스러운 현실이다. 그래서 이 지역을 안정적으로 통과하기 위한 수많은 장치들이 개발되어왔고, 각자에게 맞는 훈련이 필요하다. 모든 수련이 일정한 적응기간을 요하는데, 갑작스런 이 '압도'가 모든 이를 도망치게 만들기 때문이다. 어느 방법이냐가 중요한 것이 아니라, 이 지역을 감내할 내성耐性이 필요할 뿐이다. 그 '없음'을 마주하여 견뎌낼 힘과 인내가 필요하다. 그 '없음'은 수련 초기에 작용하던 바라봄에서 '보는 자'를 제거하는 작업을 수행한다. '보는 자'가 소멸되어야 비로소 오롯한 '바라봄'이 가능하다. 새로이 진입할 차원은 '보고 보여지는' 이원성을 허용하지 않는다. '보는 자'가 설 자리가 없다.

▬▬▬

27. When (the Energy of Breath) is retained either outside or inside, at the end (of this practice) the peaceful state is revealed by means of Śakti.

숨의 기운이 바깥이나 안에 유지되어 수련이 무르익는 그곳에, 샥띠에 의해 평화가 드러나네.

바깥이나 안은 숨이 멈추는 두 지점을 가리키고, 샥띠Śakti는 현상을 통해 드러나는 자각이다. 바라봄이 두 지점에 머물고, 그것이 무르익어야 한다. 무르익음은 긴장하지 않는 수동성을 의미하고, 곧 힘을 빼고 물러나 있는 바라봄이다. 모든 상황이 그러하듯 '없음'을 처음 마주하는 일은 뭔가 어색하고 불편하다. 속으로 좋아하는 이성 앞에 갑자기 혼자 남겨진 듯한 당황스러움이다. 상대를 바로 보지 못하고 시선을 돌리며, 뭔가 다른 주의를 환기시키게 된다. 그래서 밀쳐 두었던 생각을 슬쩍 가져온다. 그러나 이것 또한 어색하기는 마찬가지다. 집중에 충분히 훈련되지 않은 수련자는 다시 생각과 이미지의 세계로 돌아가 버리지만, 인고忍苦의 시간을 지낸 이들이라면 주워온 생각을 던져버린다.

끝 모를 기다림이 계속된다. 그 망막한 시간의 스크린 위에, 어딘가 묻혀 있던 수많은 의식의 파편들이 지나간다. 생명 없는 드넓은 사막에 홀로 앉은 바라봄은 그 의식의 모래알들을 마주하고 있다. 지나는 바람에 날리던 모래알들이 어느덧 자신의 무게를 견디지 못하고 사막의 품으로 숨어든다. 고요가 사막의 열기에 익어가고 있다. 바람을 잃은 모래알들은 사막의 새벽 한기에 더 깊이 내려앉는다. 이제 적막함이 그리 어색하지 않고 오히려 편안하다. 생각을 가져온다는 것 자체가 번거로운 일이 되어간다. 끝을 모르는 사막에선 가야 할 곳을 모르고, 왔던 곳마저 기억의 강에서 흘러내린다.

  아련한 기다림에 이어 메마른 적막은 어느 순간, 툭 하고 터
져버린다. 알 수 없는 평화의 적막이 강물처럼 밀려온다. 사막
은 어느덧 바다가 된다. 아니, 사막은 원래부터 축복의 바다였
다. 어디로 가고자 하는 갈구가, 무엇이 되고자 하는 목마름이
말라버리고 터져버리자, 사막은 바다가 되었다. 바다는 산도
계곡도 평야도 모래들판도 모두 품고 있다. 게다가 그 모두를
온통 축복으로 채우고 있다. 숨이 멎은 그 지점은 앨리스[84]가
뛰어들었던 토끼 굴이었고, 마침내 새로운 차원이 열렸다.

  샥띠는 전혀 다른 세상을 보여준다. 이전엔 항상 무엇을 찾
아다니고 뭔가에 떠밀려 다녀야 했으나, 이제는 어디로 갈 필
요가 없다. 모든 것이 다가온다. 그 모두를 그저 바라보기만 하
면 된다. 선택할 것도 없고, 버릴 것 또한 없다. 그리고 그 모두
는 다시 가버린다. 애착의 손길이나 미련의 여운 없이 그렇게
멀어져 가고 있다. 이 모두가 샥띠의 놀이이다.

---

28. Meditate on the Śakti rising from mūlādhāra,
which is luminous like rays of the sun and which gets

---

84 루이스 캐럴(Lewis Carroll, 1832~1898)이 지은 『이상한 나라의 앨리
   스Alice in Wonderland』(1865)의 앨리스를 가리킨다.

subtler until it dissolves in dvādaśānta. Then the state of Bhairava will arise.

물라다라[85]에서 올라오는 샥띠에 명상하네, 그것은 태양 광선처럼 빛나고 드와다샨따[86]에 녹아 더 미묘해지면 바이라와가 일어나네.

이 수련은 인도 고전 생리학에 바탕을 둔 방법이다. 유사한 생리학이 동양의 여러 문화권에 퍼져 있고, 근대에 서양으로 건너가 컬트적(cultic) 비합리성이 추가되어 영성 수련자들을 혼란스럽게 하는 요인이 되고 있다. 물론, 생명력을 일컫는 인도의 쁘라나Prāṇa와 중국과 극동의 기氣는 분명 존재하는 현상이지만, 컬티즘cultism이 주장하는 그런 작용원리가 모두 맞는 것은 아니다. 과거 어느 시점에 누군가 이와 관련한 현상을 체험하고 그것에 대한 설명을 시도했을 것이다. 그러나 그 현상에 대한 표현과 설명이 그가 가진 문화와 지식의 한계로 인해, 많은 경우 조악한 수준에 머무른 듯하다.

---

85 인도 전통에서 몸 안의 생명력이 잠들어 있다는 가장 깊은 곳이다.

86 날 숨이 멈추는 몸 바깥의 지점이나 혹은 요가적 숨이 올라오는 머리의 최정점을 가리키는 기술적 용어로, brahmarandra라고 불리기도 한다.

여기까지는 문화사적으로 충분히 이해할만한 수준이지만, 컬티즘에선 그 설명을 액면 그대로 받아들인다는 사실이 문제를 야기한다. 대부분 그들은 본인들의 수련을 통해 그 이론들을 검증하기보다 전해오는 이론을 신봉하며 자신들의 수련을 그 내용에 맞추어가는 식의 과정을 밟고 있다. 실제 현상을 합리적으로 이해하는 것이 아니라, 상상으로 현상을 조작하고 있다. 상상의 힘은 임신을 한 듯한 현상을 만들 수도 있다. 논란이 많은 생명력에 대한 현상이 점점 자연과학의 영역으로 들어오고 있고, 언젠가는 일반적 현상으로 통용되는 시기가 올 것이다.

다시 경구로 돌아와, 특정 수련시간에 명상자세로 앉아 상체의 아랫부분[87]에 집중한다. 그리고 일상에서도 늘 어느 정도의 의식이 그곳에 있도록 한다. 집중의 부분에서 열기를 느끼기 시작하면, 그 열기를 강화시키려는 의도를 일으키지 않아야 한다. 그렇지 않으면 자연스런 열기는 상상의 열기로 전환되고, 마음은 상상의 노예가 된다. 열기가 자연스럽게 감지되면 집중을 놓아버린 전적인 물러남의 바라봄이 되도록 한다. 여기서 집중과 물러남의 순서는 이해를 돕기 위한 방편일 뿐

---

87 각 전통에 따라 mūlādhāra cakra든, 하단전下丹田이든 신체의 해부학적 위치는 상관없다. 의식의 집중이 이루어지면 변화가 발생하는 부분이 스스로 알려진다.

이고, 집중과 물러남은 항상 동시에 일어나야 하며 '집중이 있는 물러남'인 것이다. 오랜 기다림과 무르익음이 있은 뒤, 빛의 형태가 정수리로 상승한다.

번개가 치듯 순식간에 상승하거나, 점진적으로 상승하기도 한다. 빛은 단색광일 수도, 다양한 색이 함께 있을 수도 있다. 그리고 이 빛의 상승이 반드시 상체의 아랫부분에 집중할 때만 일어나는 것이 아니며, 신체의 다른 부위에 집중하는 과정에서도 일어난다. 수련자의 다양한 조건에 따라 조금씩 다른 현상이 일어난다. 빛이 정수리에 다다른 이후에도 현상은 다를 수 있다. 특정한 경우를 이 수련법에 일반화하는 것은 위험한 일이다. 공통적인 것은 자발적 빛의 상승이 있다는 사실이고, 그 시기와 방법과 드러나는 현상은 다를 수 있다.

이런 빛의 상승은 의식의 바라봄이 강해지고 집단의식체인 인간의 의식들이 어느 수준 통합되었을 때, 신체에 엉겨있던 어떤 에너지가 풀려나는 현상으로 보인다. 그러나 이 수련법에 나타나는 것과 같은 갑작스런 풀림 현상일 필요는 없다. 수련자의 조건과 수련방식에 따라 에너지가 서서히 풀리는 것이 일반적이며, 갑작스런 풀림은 오히려 드문 경우에 해당한다. 이 현상이 일정부분 수련이 진척된 상황에 발생하는 것은 맞으나, 이것이 배경의식으로의 진입이나 입문이 완료되는 현상은 아니다. 빛이라는 이미지와 분별의식에 아직 너무 가까이 있고, 없음의 적막이 무르익지 않았다. 그러나 수련자들이 쉽게 빛의 현상에 매료되어 여기에 갇히는 경우가 발생한다.

능력에 매혹되는 마음이 강할수록 쉽게 갇힌다. 그들은 빛의 현상을 능력자의 표징으로 이해하기 때문이다. 이 갇힘으로 인해 배경으로의 진입이 허용되지 않는 것은 너무 당연한 이치인데, 배경의 차원은 이원성을 허용하지 않기 때문이다. 그러나 빛의 상승을 경험하고도 갇히지 않으면 다음 과정으로 이어진다. 이제 빛의 형태로 드러나는 생명력을 잊어라. 생명력을 놓아주고 해방하라. 그들은 자신의 길을 간다. 배경의 차원엔 그런 빛이 필요하지 않다. 생명력은 외형적 인간을 유지해야 하기에 함께 모였고, 몸이 있는 동안 그들은 자신의 역할에 충실할 것이다.

바라봄에 잠시 요동이 있었고, 다시 안정을 찾아가자. 빛의 상승을 경험한 수련자가 갖는 하나의 이점이라면 자신의 몸에 개별성이 아닌, 하나라는 일체감이 강하게 자리한다는 점이다. 신체와 의식이라는 구분이 모호해지고 모두가 하나의 현상임이 뚜렷해진다. 예를 들어 슬픔이 몰려오면 이전엔 가슴과 머리에만 슬픔이 맴돌았으나, 이제는 손끝에서도 그 슬픔이 흐느끼고 있다. 이러한 일체감이 신체에 국한된 것은 아니다. 자신의 몸을 벗어난 외부 사물과 다른 생명체에까지 확산된다. 세상은 하나라고 수만 번 되뇌던 그 '하나'가 이제 감각에 와 닿는다. 에너지의 차원에서 전 우주가 하나이므로 이것은 너무 당연한 결과로 보인다. 에너지의 소통이 원활함을 찾아가는 현상이다.

이러한 소통의 원활함이 빛의 상승을 통해서만 오는 것은 아니다. 이것은 여러 길 중의 하나이고, 몸과 긴밀히 관련한 수련을 하는 경우에 쉽게 찾아올 뿐이다. 이런 소통은 명상수련을 의도적으로 하지 않아도, 삶의 조건이나 의식이 무르익으면 누구에게나 일어날 수 있다. 그래서 이 빛의 방법론에 집착할 일은 아니다. 빛이 상승해도 아직 입문까지는 먼 길이 남았다. 소통이 원활해지고 바라봄이 미묘해져야 한다. 기다림이 있고 무르익음이 뭉개 뭉개 피어오르면 모든 세상의 현상이 하나로 수렴되고, 바라봄은 그 하나를 저만치 밀쳐둔다. 바라봄은 그 '하나'와 완전히 별개이다. 문득, 바라봄은 배경에 들어와 있고, 입문이 완료되었다.

---

29. (Meditate on) the rising Śakti in the form of lightning, as it moves upward from one Cakra to the other until it reaches dvādaśānta. At the end is the great Awakening.

빛의 형태로 올라오는 샤띠를 명상하네, 하나의 차크라에서 다음으로 올라와 드와다샨따에 도달하니, 큰 깨우침이 있네.

샥띠Śakti는 현상세계를 움직이는 생명력을 대변한다. 이것은 인간 현상을 구동하는 힘이며, 세상의 경향성을 이끄는 동력이고, 음陰과 양陽을 모두 담고 있는 개념이다. 샥띠를 명상하는 것은 신체에서 움직이는 미묘한 에너지를 바라보는 수련이다. 에너지는 특성상 항상 움직임과 변화를 가지고 있다. 몸의 에너지도 지속적으로 움직이고 있으며, 이들 흐름에는 몇몇 중추역할을 하는 부분이 있다. 흔히 차크라Cakra로 알려져 있고, 전통에 따라 7개 혹은 12개 등 그 수[88]는 다양하다. 다른 전통에 다른 숫자가 고착되었다는 사실은 각각 그들이 가진 에너지 중추에 대한 분류가 특정 개인의 경험에 의한 주관성이 크게 작용하고 있으며, 엄밀한 객관성을 결여하고 있다는 사실을 반증하고 있다. 어찌되었든, 인간의 몸에 에너지의 흐름과 그 중추영역이 있음은 분명하고, 수련자는 그들 중 우선 하나를 감지하여 바라봄을 시작하면 된다. 지식을 암기하여 상상할 것이 아니라, 그 중추 중 하나라도 실제로 느껴보는 것이 중요하다.

수련자는 일반적으로 자신의 몸에서 의식의 주의를 끄는 부

---

88 Hatha Yoga는 7개, Tantra는 12개를 주장한다.

분을 느낀다. 개인의 조건에 따라 그 부분은 모두 다르며, 어느 것이 우위에 있다고 말할 수 없다. 몸에 순환하는 에너지는 그 특성상 지속적으로 움직여야 하며, 비록 몇몇 중추가 있기는 하지만 어느 하나가 왕좌에 해당하는 부분은 존재하지 않는다. 에너지가 한 곳에 과밀하면 전체 시스템을 파괴할 수 있는데, 수련자들이 몸을 상하는 일이 흔히 있다. 원활한 순환이 에너지 시스템의 이상적 상태이다. 컬트적 정보를 신뢰하는 이들이 정수리에 과도한 집착을 보이는 일이 많지만, 그곳도 순환상의 한 지점일 뿐이다. 이 경구에 나오는 드와다샨따 dvādaśānta가 신체의 정수리를 의미하지는 않는다. 이것은 호흡이 빠져나가 멈추는 지점, 몸의 상승 에너지가 다시 하강으로 전환되는 지점을 가리킬 뿐이다. 몸이 하나의 도형이라면, 이것은 다각형의 한 꼭짓점을 가리킨다. 그래서 쉽게 인지의 영역에 들어오기는 한다.

주의를 강하게 끄는 부분에 집중한다. 그러나 생각이 어떤 변화를 조작해서는 안 된다. 컬트적 지식은 모두 버려라. 이것이 이 수련의 가장 큰 장애요소이다. 물러나 있는 바라봄만을 그곳에 남긴다. 기다림이 있고, 어느 시점에 에너지가 요동을 시작한다. 어쩌면 그 요동이 다른 곳으로 옮겨가려 할 수도 있다. 그러면 자연스럽게 허용한다. 그리고 멈추고 싶은 곳에서 멈추면 된다. 드와다샨따로 흐름을 유도할 필요는 없다. 이 수

련에서 정작 필요한 요소는 에너지가 각 중추를 옮겨 다니도
록 하는 것이 아니기 때문이다. 다각형에서 어느 꼭짓점이 되
어도 상관없다. 그 꼭짓점을 매개로 다음 과정으로 넘어간다.

꼭짓점에 대한 바라봄이 무르익으면 그 점에 모든 몸이 들
어오게 된다. 인간 몸의 중심은 신체상의 어느 한 점이 아니다.
그 중심은 우리가 일상에서 경험하는 그 공간이 아니다. 정수
리나 하단전의 한 점이든 몸 전체이든 그 위치나 크기의 의미
가 사라진다. 이제 의식상의 한 점을 바라보게 된다. 물러남의
바라봄은 그 점을 저 멀리 밀쳐놓는다. 그리고 그 점은 자유를
얻고, 바라봄은 배경의 차원에 있다. 입문인 것이다.

---

30. There are twelve successive centers associated
with twelve letters, on which one should con-
centrate in their gross, subtle and supreme
states (respectively). Transcending each center
(successively), in the end Śiva is realized.

열두 글자와 관계한 열두 개의 연속된 중심들이 있으니, 거
친 것에서 미세한 것으로, 그리고 최상의 상태로 각각 명상
하네. 연속적으로 각 중심을 초월하면, 쉬바가 드러나네.

바라보는 각 꼭짓점에 문화적 의미를 씌우면 집중이 용이해지는 경우가 있다. 이것은 앞의 수련에 몇 가지 장치를 추가한 방법이다. 힘의 중추에 집중이 어려운 이들은 문화적 개념을 이용할 수 있다. 그러나 수련과정이 번거로워진 것은 분명하다. 문화의 색채가 수련자를 한 자리에 계속 묶어둘 수 있기 때문이다. 그리고 경구는 12개의 중추에 차등을 두고 순차적 명상을 지시하고 있으나 이것은 보편적 방법이라기보다 부가적 장치가 필요한 이들을 위한 배려인 듯하다. 문화적 개념과 차등에 익숙한 의식은 단순하고 직접적인 길에서 오히려 어려움을 느낀다.

익숙한 부분의 꼭짓점을 선택하여 바라본다. 경우에 따라 이런 행위가 어색할 수도 있다. 도대체 이렇게 하여 어쩌겠다는 것인가? 이처럼 수련방법에 대한 확신이 없을 수도 있고, 수많은 생각이 지나가기도 한다. 이 상황에서 중요한 것은 의식의 초점을 지속적으로 한 곳에 두는 일이다. 일상에서도 일부 의식은 늘 그곳을 향하도록 한다. 수련방법을 선택했다면 최소한 그것에 몰입하여야 한다. 제대로 시도도 하지 않으며 방법을 탓할 일은 아니다. 비록 시작이 어설퍼도 집중이 무르익으면 모든 것을 만회한다.

명상에선 긴장을 풀어야 한다. 지금 이 순간 다른 무엇도 중요하지 않다. 이 순간이 아닌, 다가올 억겁의 시간은 나에게 의

미가 없다. 이 한순간에도 온전히 있지 못하는데 그 많은 시간
이 다 무슨 소용이란 말인가? 그리고 지금 특별히 어떤 생각을
해야 하는가? 생각할 시간은 앞으로도 충분하니 지금은 잠시
접어두자. 잠시 세상을 걱정하지 않아도 세상은 무탈하게 잘
돌아간다. 딱히 인간이 무엇을 해야만 존재할 수 있는 것은 아
니다. 인생에서 아무것도 하지 않은 적이 언제였는가? 명상이
란 단적으로 아무것도 행하지 않음이다. 아무것도 하지 않음
이 가장 잘하는 것이다. 그저 그 지점을 바라보라. 바라봄에 긴
장이 풀리면 어느덧 무엇이 감지되기 시작한다. 이제 앞 경구
의 수련을 따라간다.

---

31. Having filled (the body upto) mūrdhānta[89] with
the same Energy of Breath and having crossed it like
a bridge by contracting the eye-brows and making
one's mind free from thoughts, one becomes all-
pervading in the highest state.

숨의 기운을 앞이마에 채우고, 눈썹을 수축시켜 다리처럼 그
것을 건너듯, 생각으로부터 마음을 자유롭게 하며, 최상의

---

89 비강鼻腔 끝부분으로 frontal sinus(앞이마 공동空洞)가 있는 곳을 가
    리킨다.

상태에 여여하네.

　의식의 집중이 미간眉間 안쪽인 앞이마에 이루어지도록 하고 숨의 기운을 이곳에 모은다. 이것은 비교적 쉬운 일인데, 뇌가 입력된 정보로 세상을 새롭게 구성하는 가상의 공간이 두정엽(parietal lobe)에 있으며, 숨의 기운이 미간 안쪽에 있는 공동(frontal sinus)에 흐르고 있어, 의식이 항상 이 주변을 배회하고 있기 때문이다. 이제 모든 숨의 기운을 이곳에 모은다. 자신의 몸 전체를 이곳에 몰아넣는다. 호흡이 멈추는 시점에 모든 것을 멈추고 그 하나의 지점에 집중한다. 익숙하지 않으면 미간에 긴장이 생기는데 이 긴장을 내려놓는다. 눈썹을 수축시키라는 경구의 표현은 두 눈썹이 붙어 다리가 될 정도의 집중을 의미하는 문학적 표현이다. 실제로 수련자 중에 과도한 긴장으로 미간을 찌푸리는 경우도 있는 듯하다. 의식의 집중이지 세포조직을 모으라는 의미는 분명 아니다.

　여기서 호흡이 멈추는 시점에 집중하라는 것은 쁘라나야마(Prāṇāyāma: 호흡 수련)에서 멈춤을 오래 유지하려는 꿈바까(Kumbhaka: 호흡 정지)가 아니다. 잠시 호흡을 멈춤은 한 지점에 대한 집중도를 높이기 위함이다. 호흡이 한 지점에 의해 자연스럽게 멈추어지는 것이 이 수련의 기술이다. 숨의 흐름이 흡수되어버릴 만큼의 집중이다. 이 지점은 호흡마저 거부한다. 당연히 어떤 긴장이나 생각도 거부한다. 바라봄만이 이 멈춤의 지점을 감싸고, 이 점은 점점 더 커져 세상을 삼킨다. 의식이 더 깊이 함몰되어 들어가기에 상대적으로 그렇게 느껴진다. 이제 호흡이 이어지든 않든 상관없다. 기다림이 있고, 물러남이 배경의 차원에 진입한다. 입문이 이루어졌다.

---

32. By meditating on the five voids (śūnya) of the senses which are like the various colors of the peacock's feathers, the yogī enters in the Heart of the absolute Void.

공작 깃털의 다양한 색깔과 같은 감각의 다섯 근원에 명상하며, 요기는 절대 근원의 심장에 드네.

전통적으로 우리는 오감에 익숙하다. 그러나 현대적 지식에 의하면 인간의 감각은 이 5라는 수를 넘어 있으며, 전체적으론 공감각적인 하나의 구조 속에서 움직인다. 고대 문헌에 나오는 모든 분류 개념에 관한 숫자를 잊으라. 단지 특정 시대와 문화에 제한되어 있던, 그러나 당시엔 유용했을 수도 있는 해석일 뿐이다. 일반적으로 영성수련을 하는 이들이 이런 문제에 맹목적 수용을 보이는 경우가 많다. 의식을 다루는 난해한 영역에, 앞서 걸어간 이들의 지식을 활용하고 존중할 수 있지만, 그 방식과 태도에 분명 주의할 필요가 있다. 세상에 대한 지식은 더욱 정밀해졌고, 앞으로도 계속 변화하며 더 넓고 깊은 해석을 제공할 것이다. 현대엔 많은 보조적 학문이 발달하여 문화적 오류와 개인의 주관성을 검증할 수단이 준비되어 있다. 명상의 길에 보편성과 합리성이 없다면 수련자는 그 길을 멈추어야 한다.

명상법의 많은 영역이 신체적 감각과 관련 있고, 다양한 방법들이 있다. 그러나 여기선 감각의 과정을 관찰하지 않고 그 근원에 바로 들어가는 수련이다. 일련의 감각과정을 이용하는 것보다 다소 어려울 수 있지만, 단순하고 직접적인 측면이 있어, 집중과 물러남에 익숙한 이들에겐 언제 어디서든 수련할 수 있는 이점이 있다. 아주 짧은 순간이지만 외부정보가 감각기관과 접촉하고 신경을 통해 뇌에 전달된 뒤, 그 정보가 해석되고 재구성되는 작업에는 지속적인 에너지의 움직임이 있다. 표면의식은 그 짧고 미세한 과정을 감지하기 무척 어렵지만, 무의식들은 이를 항상 인지하고 있다. 이 수련은 무의식의 도움을 받으며 표면의식을 그 움직임에 모아 들이는 작업이다.

감각이 일어나는 순간은 표면의식엔 하나의 점으로 인지된다. 그 점은 소용돌이와 같은 구조를 가지는데, 그 소용돌이와 함께 현상의 근원으로 따라 들어간다. 일부러 소용돌이를 상상할 필요도 없고, 그러기도 무척 힘들다. 표면의식은 몰라도 당신의 무의식은 이미 알고 있으므로 걱정할 것은 없다. 주의를 요하는 것은 감각의 지점에 모든 의식을 몰아넣는 일이다. 세상을 놓아버리고 감각이 발생하는 그 근원으로 따라 들어간다. 이 수련이 우선 특정 감각을 감지함에서 시작하는 것은 너무 당연하다. 따라 들어간 소용돌이의 근원엔 아무것도 없는 하나의 벽이 있다. 흔히 이것을 '비어있음(śūnya)'으로 이해하지만, 이것이 정확히 수냐Śūnya[90]는 아니다. 이제 그 벽을 바라본다. 이 벽을 넘어야 하기 때문이다. 온전히 물러나 있는 바라봄이 이 벽을 뚫는다. 그 너머가 절대 근원의 심장이며 배경의 차원이다. 근원의 심장에 듦으로써 입문이 완료된다.

---

33. In the same way, if one concentrates one's awareness on anything, be it an empty space, a wall, or a worthy disciple, this (energy of concentration) will merge by itself and bestow grace.

같은 방식으로, 하나의 빈 공간, 벽, 혹은 소중한 도반[91] 같은

---

90 Śūnya는 단순히 '비어있음'이 아닌, '무규정'의 없음이다. 그래서 '없음'인 동시에 '충만'일 수 있다.

91 영적 공부를 함께 하는 동료를 가리킨다.

것에 자각을 집중하면, 이것은 스스로 몰입하고 풍치를 드러내네.

모든 명상법은 동일한 구조를 가진다. 자연법칙에 관한 것이므로 당연한 일이지만, 일반적으론 이 사실이 잘 납득을 받지 못한다. 명상법은 차원을 전환하는 기술이다. 이원성이 난무하는 현상의 차원에서 대립적 상황이 허용되지 않는 배경차원으로 진입하는 기술이다. 두 개의 차원 사이엔 경계지점이 있고, 그 경계가 벽으로 묘사된다. 현상의 변방이라 할 수 있는 경계지역엔 이원성의 힘이 강하지 않고, 그 벽엔 이원성이 나타나지 않는다. 그러나 등 뒤엔 늘 이원성이 도사리고 있으니, 방심하는 순간 바로 파수꾼에게 붙들린다.

구조상 모든 수련자는 이 벽에 도달해야 한다. 어떤 명상법이든 예외가 있을 수 없다. 벽이 없는 길은 배경으로 가는 길이 아니다. 그 경계에 도달하는 매개가 감각이든 공간이든 사람이든 상관없다. 이제 세상을 하나의 빈 공간으로 인식한다. 그 공간 안에 무수한 세상의 번잡함이 떠돌지만, 아무런 의미를 지니지 못한다. 사실 이런 상황의 조건을 만드는 것은 극히 어렵다. 삶에서 극단적인 절망과 고통을 겪지 않고는 상상조차 쉽지 않은 상황이다. 그러나 이런 허무를 강하게 경험했거나 익숙한 수련자라면 이 수련이 결코 어렵지 않다. 그들에겐 사랑하는 이도, 자신의 생명에 대한 애착도 사라졌다. 빈 공간이 점점 세상을 삼키고 모든 내용물을 녹여버린다. 문학적으론 거대한 고래의 뱃속으로 묘사되기도 한다. 그 압도적 빈 공간 속에 바라봄만이 홀로 고요하다.

같은 방식으로 소중한 도반에 집중할 수도 있다. 그 도반이 연인일 수도 혹은 자식이나 부모일 수도 있다. 수련자가 자신의 공부에도 매진하지만, 그 도반의 가치 또한 지울 수 없는 지경이 되었다. 이것은 점점 더 심해져 세상 모든 가치가 그 도반 앞에 오면 무너져 내린다. 남들이 보기엔 이것은 분명히 정신 나간 짓이다. 그러나 정신 병리적 과대망상과 이 수련이 다른 점은 수련자가 그 도반에게 집착하지 않는다는 사실이다. 도반에게 오로지 함몰되어 들어왔지만, 그 도반을 구속하지 않는다. 그를 자유로이 허용하고 오직 바라볼 뿐이다. 그 도반에 대한 바라봄에 자신의 모든 가치가 녹아 있다.

한 가지 주의할 점은, 이 수련과정에 대상이 되는 도반이 시점 상 동시에 복수이어서는 안 된다. 예를 들어 두 자녀 혹은 배우자와 자녀에게 동시에 적용하지 말라. 집중의 점은 하나이어야 하기 때문이다. 그리고 시간이 지나고 이 점은 사라지게 되어 있다. 세상의 구조가 수련자와 점을 반드시 갈라놓는데, 도반이 세상을 떠나거나 수련자가 세상을 떠나는 시점이 온다. 그 바라봄이 드디어 벽을 넘는 지점이다. 죽음의 순간 혹은 죽음을 인지하는 순간, 그 압도적 점은 아련히 멀어져 간다. 그 멀어져 감을 온전히 허용하라. 고요 속에 그 멀어짐을 보고 있다. 바라봄은 서서히 배경의 차원으로 들어가고 있으며, 죽음의 지점에서 입문이 이루어지고 있다. 그러나 그 점이 사라지는 상황이 꼭 죽음이 아닐 수도 있다.

사람에 집중하는 명상법이 생소할 수 있으나, 새롭거나 놀랄 만한 것은 전혀 없다. 명상은 기본적으로 의식을 모으는 매개가 필요하고, 충분한 바라봄이 무르익으면 그 매개를 놓아버리는 과정을 가진다. 그 매개가 한 명의 인간이 되어서는 안 될 이유가 없다. 오히려 의식을 모아들이고 담아두는 강력한 힘이 있지 않은가? 한 사람이 이원성을 밀쳐내는 경계지점의 역할을 한다. 언뜻 보기에 이 방법이 쉬울 것 같지만, 최상의 난이도를 가진 방법 중 하나이다. 사람에게 집착하기는 쉬워도, 진정 사랑하기는 드문 일이다. 더구나 한 사람에게 온 세상을 담는다는 것은 더욱 어렵다. 그리고 그를 온전히 놓아주어야 한다면.

━━━

34. By fixing one's mind on the inner space of the skull and sitting motionless with closed eyes, gradually, by the stability of the mind, one attains

the supreme goal.

두개골의 내적 공간에 마음을 고정하며, 눈을 감고 움직임 없이 앉아있음으로써 점차 마음이 진정되면, 최상의 목적을 달성하네.

인간은 의식의 불필요한 요동을 막고 집중을 위해 움직임 없이 앉는 자세를 명상자세로 많이 사용한다. 비록 일반적 편의성이 있지만, 이 자세가 명상에 절대적인 것은 아니다. 앉은 자세에서 집중과 물러남에 어느 정도 익숙해지면, 명상수련을 일상의 모든 형태로 확장해야 한다. 신체적 자세가 문제가 아니라, 깨어있는 의식을 얼마만큼 유지하며 대상에 집중과 물러남을 적용하는가가 수련의 성과를 좌우한다. 생각의 폭풍에는 관대하며 자세의 조그만 일렁임에는 냉혹한 수련자들이 더러 있지만, 명상의 원리와 구도를 바르게 이해하지 못한 오해이다. 안정적 자세를 버리라는 것이 아니라, 자세에 갇히지 말라는 뜻이다. 집중과 물러남은 신체적 움직임과 상관없이 진행되어야 하는 의식의 태도이기 때문이다. 이 의식의 태도는 시간이나 분 단위가 아닌, 매 순간 새로이 점검되고 확립되어야 하므로 자세의 변화가 큰 영향을 끼치지 못한다. 매 순간 사라지는 존재에 자세가 무슨 대수인가? 명상수련은 찰나 속에서 삶과 죽음을 다투는 전투이다. 그래도 수련에 안정적 자세는 중요한 역할을 한다.

인간의 뇌 중심에는 뇌실(cerebral ventricle)⁹²이라는 4개의 빈 방이 있고, 무색투명의 뇌척수액(cerebrospinal fluid)이 뇌실뿐 아니라 수막으로 둘러싸인 뇌와 척추의 꼬리뼈까지 이어진 척수를 따라 순환한다. 액체로 채워져 있는 이 공간들은 세포로 이루어진 뇌와 척수보다 파장의 공명과 의식의 미세한 변화에 더 민감한 듯하며, 명상전통에선 오래전부터 신체의 이런 부분을 활용해왔다. 이 수련은 명상자세로 앉아 눈을 감고, 뇌의 중심에 있는 빈 공간에 의식을 고정함으로써 시작한다. 생체조직에 대한 의식의 집중은 그 부분의 조직을 활성화하여 에너지의 과밀 현상을 낳는데, 수련자들이 종종 열이나 빛의 형태로 경험하게 된다. 이제 빈 공간에 오롯이 물러나 있는 바라봄만을 남긴다.

수련자는 그 공간과 머리 전체에서 빛을 경험하게 된다. 첫 번째 관문은 이것이 상상이 아닌 실제적 현상이어야 한다. 뇌의 인지해석엔 상상과 실제가 구별되지 않겠지만, 상상에 의

---

92 특이한 모양의 뇌실은 뇌를 보호하는 것이 1차적 기능인 것으로 알려져 있으나, 왜 그런 기이한 모양을 취하고 있는지는 밝혀져 있지 않다. 2개의 Lateral ventricle, Third ventricle, Fourth ventricle로 구성되며 4개의 방이 모두 연결되어 있다.

한 경험은 다음 단계로의 수련을 진행시키지 못한다. 빛을 경험하고도 수련에 진척이 없다면 이것이 이유일 수도 있다. 이제 빛이 강렬해져 세상을 가득 채운다. 세상은 온통 빛이다. 원래부터 세상은 빛 자체였는지도 모른다. 그러나 이제 그 빛 자체의 인식을 버려라. 빛이 있음은 아직 이원성의 차원에 있음이고, 또한 의식이 뇌 안에 깊숙이 들어와 뇌에서 발산되는 생체 에너지에 갇혀 있기에, 의식이 빛만을 인식하고 있다. 빛에 끌리던 끈을 놓아준다. 다가가던 바라봄이 이제 물러나야 할 지점에 이르렀다. 빛은 사라지고 바라봄은 깊은 곳으로 점점 더 물러난다. 바라봄은 뇌를 빠져나오고, 이원성을 벗어나 배경의 차원으로 들어간다. 최상의 목적이 아닌, 입문을 이루었다.

이 수련에서 누구나 빛을 보는 것은 아니며, 또한 빛을 보아야만 하는 것도 아니다. 몸에 대한 집중은 생체적 조건으로 인해 빛이나 열을 경험하는데, 빈 공간이 있을 경우 빛의 형태로, 세포 조직이 있을 경우 열로 나타나는 것이 보통이다. 들숨과 날숨을 코끝에서 바라보는 아나빠나사띠Ānāpānasati처럼 공간이 허용되는 경우도 빛을 경험하며, 그 외 하단전下丹田이나 다른 신체 부위의 경우 발열發熱이 일반적이다. 그러나 수련자가 이전에 행한 수련으로 인해 의식의 다른 길이 열려 있는 경우, 빛이나 열을 경험하지 않고 바로 경계의 벽에 이르기도 한다.

빛과 열을 잊어라. 자연스럽게 다가온다면 그저 잠시 함께하면 된다. 어차피 놓아버려야 할 이원적 현상이다. 수련의 길에서 중요한 것은 어떻게든 경계지점에 도달하는 일이다. 그 뒤에 배경이 있기 때문이다.

35. The central vein, which is situated in the middle, is subtle like the fiber of a lotus stalk. By meditating on the space within it through that goddess (of the inner space) God is revealed.

가운데 위치한 중앙통로[93]는 연꽃 줄기의 섬유처럼 미세하네. 그 안의 공간에 명상함으로써 내적 공간의 여신을 통해 신이 드러나네.

기본적으로 인도 생리학에 바탕을 둔 방법이다. 그러나 이 문화를 받아들이든 않든, 인간의 몸에선 뇌에서 내려오는 척수와 그 주위를 흐르는 뇌척수액이 의식과 긴밀히 교류하는 듯하다. 고체보다 액체가 외부 영향에 더 유동적인 반응을 보

---

93 Hatha Yoga 생리학에 의하면, 인간의 몸통에 음(Iḍā)과 양(Piṅgalā)의 기운이 흐르는 통로가 있고, 이것이 조화를 이룬 통로가 Suṣumnā이다. 여기선 이것을 가리키며 Madhya-nāḍī라고도 한다.

이고, 척수 신경들은 의식의 정보 전달에 특화되어 있는 세포들이기 때문이다. 이 수련도 신체의 공간에 대한 집중이 이루어진다. 빛을 경험할 가능성이 많으나, 그 경험의 유무는 중요하지 않다. 이제 눈을 감고 몸 안을 바라본다. 인도의 생리학적 정보나 척수를 상상할 필요는 없다. 아무런 느낌이 없이 답답할 경우에만 상상이 허용되는데, 상상은 부수적 추가물이다.

몸 안을 통째로 바라본다. 감각의 현상이 오면 자연스럽게 받아들이고 바라본다. 감각의 강을 지나왔다면 몸 안은 하나의 빈 공간이다. 바라봄이 고요해질 때, 그 공간은 하나의 경계로 작용한다. 어느덧 공간이 열리고 그 너머의 차원이 바라봄을 압도한다. 바라봄은 차원을 바꾸었다. 대부분의 문화권에서 여신은 풍요의 신, 즉 현상을 관장하는 신으로 묘사되며 현상의 원리를 지칭한다. 반면, 남성의 신은 그 현상이 멈춘 영역을 가리킨다. 명상은 현상인 여신에서 시작하여, 현상을 관통하여 경계에 이른 뒤, 남성적 영역인 배경으로 들어간다. 남신과 여신의 역할이 바뀐들 어떠할까? 문학적으로 음과 양의 통합적 조화가 끊임없이 언급되는 이유이다.

36. By closing the openings of the senses by the hands and by piercing the center between the

eyebrows, when the bindu (light-point) is perceived and there is a gradual merging, then the supreme state is found in the center.

손으로 감각을 닫고 미간을 꿰뚫음으로 인해 빈두(bindu)[94]가 인식될 때, 점진적 몰입이 있고, 최상의 상태가 중심에서 발견되네.

딴뜨릭Tantric 전통에 의하면,[95] 각 손가락으로 귀와 눈, 코, 입을 모두 막는 것으로 되어 있다. 비록 촉각은 제외되지만 모든 감각을 닫고자 했던 고대인들의 열의에 찬 의도는 충분히 느껴진다. 그러나 현실적으로 엄지로 귀를 막고, 나머지 손가락을 모아 감은 눈 위에 놓음으로써 피부를 통해 들어오는 미세한 빛마저 차단하는 것은 의미가 있어 보이나, 다문 입을 굳이 막을 것까지는 없고, 더구나 코를 막을 일은 아니다. 코를 막으면 잠시 단절의 느낌은 강할지 모르나, 지속성이 없고 어쩔 수 없이 호흡법과 연계되는 현상이 발생하여 수련행위 자체가

---

94 빛이 나는 에너지의 집중된 점을 가리킨다.

95 Tantric 전통에선 신체의 특정 모양과 관계된 Mudra를 중요하게 여기며, 이 수련에서 취하고 있는 자세도 Shanmukhi mudra에 해당한다.

굉장히 번거롭게 된다. 이 행위가 의식에 집중되어야 할 수련의 초점을 흐리게 함으로써 전체 수련의 흐름이 깨어진다.

감각을 닫고자 하는 작업이 이루어졌으면, 이제 의식을 미간에 모은다. 문학적 표현으로 보면 꿰뚫을 정도가 되어야 할 것이다. 바라봄의 집중이 이루어지는 부분에 빛이 발생한다. 물론 이 빛은 상상이 아닌 자발적 현상으로 나타나야 한다. 바라봄에 긴장이 풀리고 점점 더 물러나게 되면 그 빛도 점차 사라지게 된다. 그리고 바라봄은 경계지점에 이른다. 감각을 모두 닫아걸어 이원성을 차단하려 하였고, 미세하게 남아있던 현상에 대한 분별을 빛에 모두 태워버림으로써 이제 현상과 배경의 경계에 다다랐다. 오롯한 물러남의 바라봄이 그 차원의 장벽을 찢는다. 배경은 그 틈을 통해 밀려들고, 마침내 전부를 장악한다. 입문이 완료되었다.

------

37. By agitating the eye a subtle flame in the form of a tilaka mark appears within. One should meditate on this bindu at the top (ūrdhva dvādaśānta)[96] and

------

96   숨이 끝나는 몸 바깥의 지점 혹은 머리 최상부에 있는 에너지 센터 (dvādaśānta)의 최상위 점을 가리키는데, ūrdhva가 위(upper)를 뜻하기 때문이다. 수련의 실제상 미간에 있는 ājñā cakra로 이해하면 된다.

in the heart. When that concentration is complete, there is absorption.

눈을 흥분시켜 띨라까(tilaka)[97] 모양의 미세한 불꽃이 나타나게 하고, 드와다샨따와 심장의 빈두에 명상하네. 집중이 완전하면 몰입이 있네.

눈을 감고 손으로 눈을 한동안 누른 뒤 손을 떼면, 감은 눈앞에 불꽃이 타오른다. 이것은 빈두bindu이다. 빈두는 시시각각 변화하며 바라봄을 제외한 모든 의식을 빨아들인다. 횃불에 모여드는 불나방 마냥 의식은 자신의 생명을 내어놓음에 주저하지 않는다. 그만큼 빈두는 강렬하고 매혹적이다. 아직 그 불씨가 솟구치고 있을 즈음, 그 불꽃을 심장으로 옮겨 붙인다. 그러나 그것은 생체의 심장이 아닌, 날숨과 들숨 사이의 어느 지점이다. 그곳에서 불꽃은 존재를 삼킨다. 그러나 드와다샨따 dvādaśānta에서 의식(마음)의 나방들이 충분히 타버리지 않았다면 그런 삼킴은 없다. 타오르던 불꽃이 점차 사그라지고 고요가 남는다. 현상의 경계에 와 있다. 이제 물러남만으로 그 경계를 넘는다. 배경이 기다리고 있고, 입문에 든다.

---

97 아름다운 꽃을 가진 나무의 한 종류이며, 인도 수행자들이 앞이마에 표시하는 문양을 가리키기도 한다.

눈을 동요시키는 방법에는 잘 타오르는 불꽃을 직접 응시하는 방법도 있다. 배화교拜火教와 관련한 전통들이 이 방법을 많이 사용했을 듯하다. 현대인은 일상에서 촛불 이상의 큰불을 관찰하기가 흔하지 않지만, 시골이나 야외에선 그런 기회를 가질 수 있다. 촛불을 이용하는 뜨라따까Trāṭaka도 있으나, 불꽃이 작아 이 수련의 효과를 내기엔 부족할 수 있다. 모닥불이나 아궁이의 불이 더 유용할 듯하다. 굳이 명상자세가 필요하지 않으며, 상황에 맞는 편안한 자세에서 불을 응시한다. 눈을 뜬 채 계속 바라본다. 물론 자연스런 깜빡임을 허용하라. 이제 불꽃 속으로, 그 속으로 끝없이 들어가 불꽃이 된다. 눈이 피곤하면 감으며, 정면에 타오르는 불꽃만을 바라본다. 어느덧 불은 사라지고 명료한 바라봄만 남으며 경계에 이른다. 이 방법은 잘 마련된 여건 속에서 단체로 행할 때, 예상치 못한 좋은 결과를 얻을 수 있다.

38. He attains the supreme Brahman who is deeply merged in the Brahman-that-is-Sound (śabdabrahman), which is vibrating within without striking and is perceived by the ear; this sound is uninterrupted like that of a waterfall.

두드림 없는 떨림이 귀에 들리고, 이 소리는 폭포의 울림처럼 끊이질 않으니, 소리의 브라흐만에 녹아들어 최상의 브라흐만에 이르네,

나다Nāda[98]에 관한 수련이다. 이것은 마찰로 인한 파장이 없는 근원의 소리를 가리킨다. 이 수련은 일반적으로 나다 요가 Nāda-yoga라는 형태로 수련되지만, 다른 형태의 변형도 많다. 나다 요가에선 우선 엄지로 양 귀를 막고, 깊게 숨을 들이쉬고 뱉으며 콧소리를 만든다. 이 소리를 머리 전체에 울리게 하고 그 진동을 듣는다. 사라져가는 진동을 극한의 지점까지 따라 간다. 다시 소리를 내고 따라가기를 반복할 수도 있으나, 소리 없는 소리를 기다린다. 이제 물리적 파장이 멈춘 그 이면에서 소리 없는 소리를 듣기 시작한다. 나다가 들린다. 이것을 따라 더 깊은 근원으로, 아득한 그곳으로 들어간다. 시간이 멈춘 지 점에, 울림이 소진된 그 지점에서 이미 배경에 들어와 있다. 입 문이 되었다.

이 수련의 관건은 궁극의 소리, 소리 없는 소리를 듣는 것이 다. 논리적으로 맞지 않는 내용이지만, 나다를 듣는 것은 논리 와 이원성의 차원에서 배경이라는 비-이원성의 차원으로 가

---

98 일반적으로 소리를 의미하지만, 어원학적 의미는 '의식의 흐름'을 뜻하며 '소리 없는 소리'를 가리킨다.

는 하나의 길이다. 이 수련은 강한 집중을 요하므로 긴장이 쉽게 발생할 수 있다. 물러남이라는 몸과 마음에서의 이완이 필수적이다. 물리적 진동을 따라가다, 그것이 끊기는 지점이 감각이 떨어져 나가는 지점이다. 그러나 의도적으로 이것을 의식할 필요는 없는데, 그 의도가 수련과정을 망친다. 모든 것에서 물러나 소리 없음을 듣는다. 그 소리는 배경에서 오고 있다.

소리 없는 소리를 들을 수 없다면, 폭포나 물 흐르는 지속적인 소리에 귀를 기울인다. 이것마저 없다면 귀를 직접 막거나, 손으로 컵 모양을 만들어 귀를 가릴 때 나는 소리를 듣는다. 끊이지 않는 그 울림을 따라간다. 그 울림이 오는 곳을 모르며, 가는 곳 또한 모른다. 원래 오는 곳이 없고 가는 곳이 없는지도 모른다. 소리라는 것이 원래 있기나 했는가? 그 울림이 모든 세상을 지워버리고 듣는 자마저 지운다. 오직 울림이 있다. 그리고 그 울림도 사라졌다. 이제 소리 없는 소리만 남았다.

———

39. O Bhairavī, by uttering the praṇava (mantra) and by meditating on the void at the end of the protracted sound, one attains the state of the Void by means of the Supreme Energy of the Void.

오, 바이라위, 쁘라나와(praṇava)[99]를 읊조리며 지속된 소리
의 끝 빈 자락에 명상하네, 공空의 최상의 에너지[100]에 의해
공을 얻네.

진언(mantra)을 사용하는 수련의 하나로, 진언이 발성되어
진동이 지속되고 마침내 진동이 멈추어 사라지는 지점, 곧 다
음 진동이 시작되기 전의 빈 자락에 의식을 집중하는 수련이
다. 일반적으로 사용되는 진언들에는 큰 문제가 없으나, 가끔
위험할 수 있는 진언들이 있다. 기본적으로 모든 파장은 중립
적이다. 그러나 시작을 모르는 시간과 맥락의 차원에서 각 파
장은 서서히 고유한 성격을 가질 수도 있다. 대부분 그 특성이
미미하고 유동적이어서 상황에 따라 전혀 다르게 변하기도 한
다. 그러나 몇몇 파장은 강한 자신만의 맥락(역사)을 유지하며
특정한 에너지를 가지는 경우도 있다. 이 파장의 힘이 수련자
의 진동을 압도해버릴 수도 있으므로, 진언의 선택엔 신중함
이 필요하다.

진언수련을 선택했다면 거친 단계에서 미세한 단계로 진행

---

99 구체적으론 aum을 지칭하나, 여기선 일반적 mantra를 통칭하는 것
    으로 이해해도 되는데, 모든 mantra에 적용하는 수련이기 때문이다.
100 Sanskrit 원문에는 parayā śaktyā로 현상계에서 가능한 최상의 에너
    지를 가리킨다.

하며, 모든 시간에 이 진언의 진동이 울리도록 한다. 그리고 이제 이 수련에 진입한다. 소리가 멈추고 시작되기 전의 지점을 감지하고 바라본다. 오롯한 비어있음에 대한 바라봄을 유지한다. 모든 현상이 소진되는 그 구역에서 일방적인 바라봄만을 허용한다. 현상세계엔 많은 것이 존재하지만 가장 강한 힘을 가진 것은 바라봄이다. 역설적이게도 모든 힘을 놓아버린 바라봄을 어떤 힘의 세력도 이길 수 없다. 이것은 힘의 역설이다. 경구가 표현하는 최상의 힘은 온전한 바라봄이다. 수련자는 바라봄을 통해 경계에 이르고, 마침내 경계를 열고 들어간다. 입문하는 이가 없을 때, 입문이 이루어진다.

―――

40. One should meditate on the beginning and end of (the uttering of) any letter (or mantra). By becoming void due to the power of the void, one will reach the state of pure Void.

음절[101]의 시작과 끝에 명상하네. 공空의 힘으로 공이 됨으로써, 순수한 공에 도달할 것이네.

---

101 Sanskrit 원문에는 varṇasya로 표기되어 있는데, 이것은 글자 혹은 음소音素를 가리키고, 경우에 따라 문맥 안에서 언어가 가진 미세한 에너지를 뜻하기도 한다.

앞의 수련과 동일하지만, 다른 점은 진언과 진언 사이의 빈 지점이 아니라, 그것의 음절이나 더 작은 단위의 음소音素의 빈 지점을 바라본다. 옴(Aum)의 경우 앞의 수련에선 aum- 에 의식을 모으고, 이 수련의 경우 a - u - m 각각에 명상한다. 앞의 수련보다 난이도가 올라갔다. 진언 사이에 대한 명상만으로도 충분하지만, 이 수련은 음에 민감한 일부 사람들을 위해 특화된 방법이다. 그들은 감각의 미세한 영역을 헤집고 들어갈 수 있으며, 그래야만 비로소 그들이 자신의 감각이 멈추는 지점을 확보할 수 있기 때문이다. 수련자의 조건은 다양하므로 그 원리를 알고 각자에게 특화된 수련을 해야 효율을 높일 수 있다.

이 수련을 오랜 기간 행하게 되면, 소리에 대한 감각은 물론 다른 감각이 전반적으로 민감하게 발달한다. 그리고 사물의 움직임 하나하나가 더 정밀하게 포착된다. 세상을 정밀하게 인지함으로 인해 상대적으로 시간이 느려지는 듯한 현상을 느낄 수도 있다. 그러나 이것이 반드시 긍정적인 것만은 아니다. 수련자의 의식이 충분히 성숙하지 못한 상황에서는 미세하고 정밀한 감지능력이 신경과민을 유발할 수도 있다. 좋은 감각도 증대하지만 싫고 짜증스러운 무수한 상황을 감내해야 하기 때문이다. 감당할 능력이 안 되면 예민한 감각은 자신과 타인을 해친다. 이처럼 명상수련을 통해 확장되는 재능은 위험하고 고통스러운 것이 될 수 있다. 세상엔 균형이 있고 적절함이 있다.

---

41. If one listens with undivided attention to the sounds of string instruments and others, which are played successively and are prolonged, then one becomes absorbed in the supreme ether of consciousness.

깊은 주의력으로 현악기나 다른 악기 소리를 듣네, 지속적이고 오랫동안 연주되면, 최고 의식에 흡수되네.

사람은 음악에 민감하다. 물론 다른 생명체들도 마찬가지일 것이다. 그것은 모든 생명체가 다양한 진동으로 이루어진 집단체이기 때문이다. 이 수련에선 악기소리의 연속성을 따라간다. 여러 진동이 다양한 화음을 이루며 이어진다. 오롯이 그 소리 안으로 들어간다. 다른 모든 소리나 생각이나 감각의 이미지들이 그 악기소리 안으로 녹아들어 사라진다. 그 소리가 세상을 가득 채우고, 오직 그 소리만 있다. 어우러졌던 각기 다른 소리들 사이로 빈 공간이 보이기 시작한다. 그리고 소리들은 점점 사라지고 빈 공간만 남는다. 물러나는 바라봄이 그 공간을 채운다. 이제 경계에 도달하고 있다.

악기소리가 세상을 가득 채우는 지점에서 이 수련은 다른 길을 갈 수도 있다. 어우러졌던 각기 다른 소리들이 하나의 소리로 모여들기 시작하고 결국 하나의 소리가 되었다. 움직임이 없는 소리이다. 움직임이 없다는 것은 이미 물리적 진동을 떠난 소리라는 의미이다. 아름다운 음률은 이제 소리 없는 소리가 되었다. 그 소리는 들린다기보다 보이기 시작하는데, 감각의 울타리가 사라지고 있기 때문이다. 고요한 바라봄이 소리 없는 소리와 함께 있다. 이미 배경에 들어와 있으며, 입문이 이루어졌다.

---

42. By uttering all the piṇḍamantras[102] in the order of gross letters, ending in ardhacandra, bindu and nāda, (finally) by the vibration of the void one becomes Śiva.

단음절 만뜨라를 읊조리며 거친 음들 안에서 아르다찬드라

---

102 단음절 혹은 모음이 없는 mantra를 가리키며, 근원 혹은 씨앗이란 의미의 bīja를 사용하여 bīja mantra라 하기도 한다. Piṇḍamantra에는 'h, s, r, kṣ, m, l, v, y, ṇuṃ' 등이 있다.

(ardhacandra),[103] 빈두(bindu), 그리고 나다(nāda)에서 끝을 내면, 최종적으로 공의 울림에 의해 쉬바(Śiva)가 되네.

딴뜨릭 전통에선 자신들의 고유한 음절을 사용한다. 그러나 다른 문화권에선 굳이 그 음이 아니어도 짧은 진언을 사용하며 이 수련을 행할 수 있다. 수련이 특정 음에 좌우되지 않고, 수련법의 구조가 결과를 낳는다. 진언은 가급적 짧은 것일수록 좋다. 쉽게 사용할 수 있는 장점도 있지만, 짧은 진언일수록 각 음절이 가진 파장의 간섭이 쉽게 통합되고 단순성에 접근하기 때문이다. 단순성이 하나의 힘으로 작용하는데, 특히 명상수련에서는 중요한 요소이다. 모든 수련이 결국 복잡성을 몰아내고 이원성의 현상계를 빠져나오는 작업이다.

진언의 단순음을 처음에는 크게 읊다가 점점 섬세하고 미세한 형태로 변화시켜간다. 어느덧 진언은 물리적 음파의 차원을 벗어나 미묘한 에너지의 차원으로 남는다. 그 에너지는 이제 들리는 것이 아니라 보이는 무엇이다. 고정된 감각의 영역을 벗어나고 있으며 하나의 에너지 형태로 농축되고 있다. 경구는 이것을 아르다찬드라ardhacandra, 곧 반달에 비유하고 있

---

103 반달(half moon)을 뜻하며, 경우에 따라 맥락 안에서 소리의 미세한 에너지를 의미하기도 한다.

다. 밤하늘에 영롱이 빛나고 있으나, 아직 부족한 무엇이 있다. 다음으로 진행되는 것이 보름달이며, 단일점인 빈두bindu를 가리킨다. 일련의 이런 과정은 상상이 아닌 현상 자체로 일어나야 하는데, 물러나 있는 바라봄이 현상을 보증한다. 처음에 거친 파장으로 존재했던 진언은 그 모습을 바꾸며 하나의 불꽃이 되었다. 불꽃에는 아직 미세한 진동이 남아있고, 바라봄만이 그 진동을 마주한다. 바라봄이 더 고요해지자 진동은 소리 없는 소리가 되었다. 이것이 배경을 불러들이고 입문이 완료된다.

---

43. One should meditate on the void in one's own body on all sides simultaneously. When the mind has become free from thoughts, one experiences everything as the Void.

자신의 몸 구석구석이 비어있음을 한번에(동시에) 명상하네.
마음이 생각에서 자유로우면, 모든 것을 공으로 경험하네.

마음은 따로 어떤 실체를 가지지 않으며, 단지 무엇을 담을 수 있는 가변적 그릇 혹은 영역이다. 그 안에 담기는 그 어떤 것을 드러내는데, 담기는 그 내용물이 그 순간의 마음이다. 고통을 담으면 그 순간 마음은 고통이고, 하늘을 담으면 곧 하늘이다. 매 순간 무엇을 담느냐가 한 인간의 삶의 역사를 만든다. 삶의 전반에 질투와 경쟁을 담는다면, 그가 사회적으로 어떤 결과를 내든 그의 삶은 살육의 전쟁터일 뿐이다. 그가 만드는 자기 생각의 역사가 곧 한 인간의 역사이다. 남의 눈에 비치는 모습은 진열장에 비치했던 광고의 역사일 뿐이다. 마음은 이처럼 엄청난 탄력과 유동성을 가지는데, 진화의 과정이 인간에게 제공한 최대의 선물임이 분명하다. 이 수련은 그 마음의 기능을 최대한 활용하고 있다.

눈을 감고 몸의 모든 곳을 빈 공간으로 느낀다. 상황이 허락하면 눈을 뜨고 행할 수도 있다. 앞과 뒤, 오른쪽 왼쪽, 그리고 위, 모든 공간을 동시에 느낀다. 의식의 차원에서 느낀다는 것은 본다는 것과 동일하다. 이렇게 느낄 수 있는 것은 마음이 그곳에 가 있기에 가능하다. 마음이 공간을 느끼는 순간, 마음은 공간이 된다. 물론 마음이 정상적으로 잘 작동하고 있을 경우이다. 오직 공간만 있게 하라. 지금 이 순간 당신은 그저 공간이다. 다른 어떤 이미지를 끌어들여 그 공간에 꽂지 마라. 그것은 칼로 당신 자신을 찌르는 것과 동일하다. 공간은 피를 쏟으며 죽어갈 것이다.

생각을 끌어들이지 않으려면 처음 눈을 감고 빈 공간을 느끼는 순간, 그 비어있는 공간을 생생히 감지해야 한다. 손에 잡

힐 듯, 냄새를 맡을 듯, 확연히 그 비어있음을 보아야 한다. 그렇지 않으면 순식간에 무수한 생각의 화살과 창과 칼날이 그 공간을 난도질할 것이다. 이 수련은 난이도가 상당히 있는 방법이다. 앞에 나오는 수련들처럼 여기엔 의식을 유도하고 도와줄 소리나 빛 혹은 열기와 같은 구체적 매개물이 없다. 단박에 현상의 경계지역으로 뛰어들어야 하고, 비상이 걸려 달려오는 모든 생각의 경비병들을 단칼에 제압할 전투력을 가져야 한다. 아니면 힘은 들어도 처참한 패배를 반복하며 그 경계지역에서 직접 전투력을 키울 수도 있다. 이것이 가능한 경우는 '절실함'이 수련자에게 절절히 배어있을 때이다.

마음이 빈 공간이 되었고, 나라는 존재와 온 세상이 빈 공간이다. 자유가 무엇인지도 감지하지 못하는 생각이 단절된 빈 자리이다. 고요한 바라봄만이 이 공간을 떠받치고 있다. 바라봄이 무르익고 이제 공간도 사라졌다. 그리고 압도적 배경이 있다. 빈 공간과 배경은 전혀 다른 것인데, 어쩌면 둘은 극단적 양극일 수도 있다. 배경은 압도이며 충만이고 축복이다. 그래서 배경은 비어있지 않다. 어떠하든 끝없는 비어있음이 소진된 자리에 배경이 들어와 있고, 입문이 완료된다.

44. Meditating simultaneously on the void above
and the void at the base; by the power of the energy
which does not depend on the body, one's mind
attains the state of Void.

위와 바닥이 모두 비어있음을 단번에 명상하며; 몸에 의지
하지 않는 힘에 의해, 마음은 공을 얻네.

몸 안에 있는 빈 통로들을 바라보는 수련이다. 동양에선 지
역에 따라 다양한 생리학을 발전시켰고, 상이한 점이 많으나
나름 공통적 요소들도 지닌다. 생리학의 발전과정에서 다양한
경험들이 각기 다른 해석을 통해 기술되고 전해져 난해함을
더하지만, 일정 부분의 생리적 현상 자체가 있는 것은 분명한
듯하다. 이 수련도 그런 생리학과 관련된 방법이다. 여기서 위
는 척추, 바닥이란 복부의 아래쪽을 가리키며, 몸에 있는 에너
지 중추와 그 통로들에 대한 바라봄이다. 그러나 이런 생리학
은 모두 잊어라. 그것이 진정 자연 현상의 일부라면 굳이 마음
이 관여하지 않아도 자신들의 길을 가고 보편적 현상으로 드
러날 것이다.

문화적 중립성을 유지한다면, 중력과 일직선상에 있는 몸통
전체를 바라본다. 이 수련의 초기에 몸을 바라보는 것은 판단

이 있는 마음이다. 그러나 이것이 어떤 종류의 바라봄인지 상관없이 몸을 바라본다. 모든 물질의 구성이 그렇듯, 몸 안에는 무수한 빈 공간들이 있다. 바라봄이 무르익어감에 따라 물질들 사이의 이 빈 영역들이 감지되기 시작하고, 마침내 이 비어 있음만이 느껴진다. 그리고 이 비어있음마저 사라지는데, 그것은 마음에서 시작했던 바라봄과는 다른 바라봄에 의해서이다. 마음의 바라봄은 몸을 구성하는 많은 개별의식들의 바라봄인 반면, 비어있음을 지워버린 바라봄은 배경의식의 바라봄이다. 이미 배경의 영역에 들어왔고, 입문이 되었다.

45. If one meditate on the void above, the void below and the void in the heart, thus being free from all thoughts, then there arises simultaneously the thought-free state.

위와 바닥과 심장에서 비어있음에 대해 명상하면, 모든 생각에서 놓여나, 무념無念의 상태가 되네.

앞의 수련에 심장의 비어있음이 추가됨으로써 강력함을 더하게 되었다. 심장은 감정에 민감한 부분이다. 몸 구석구석을 돌아다니던 혈액이 심장에 모여들고 다시 그 말초까지 내려간다. 혈액은 몸의 모든 조직을 물리적으로 서로 연결시키는 전령의 역할을 하는데, 미세한 물질인 감정을 몸 전체에 소통시키는 매개이기도 하다. 인간의 모든 감정이 심장을 중추로 순환하며, 감정의 응집된 결정이 심장에서 가장 먼저 표출된다. 심장은 감정의 바로미터(barometer: 기압계)이다. 심장의 비어있음을 바라본다는 것은 감정의 순환에 새로운 질서를 부여하려는 의도이다. 지속적으로 이 수련이 행해지면 감정에 대한 감지력이 높아지고, 쉽게 감정에서 물러난 지점을 확보할 수 있다. 심장의 빈자리를 바라보는 수련을 따로 떼어 행할 수도 있다.

---

46. If one contemplates in a thought-free way on any point in the body as mere void even for a moment, then, being free from thoughts one attains the nature of the Thought-free (Śiva).

생각에서 벗어나며 잠시나마 몸의 어떤 지점에서 비어있음을 명상하면, 생각-자유(Śiva)의 본성을 얻네.

몸의 어떤 지점이든 자신이 민감해하는 부분에 대한 명상이다. 이것은 쉽게 오랫동안, 그리고 강력한 의식의 집중을 유도하기 위한 방편이다. 손이나 발, 몸의 바깥이나 내부도 무관하며, 몸의 아픈 부위를 선택해도 좋다. 감각신경이 많이 모여 있는 눈, 귀, 혀 등은 피하는데, 신경과민이 발생할 수도 있다. 어느 부위든 그 지점에서 비어있음만을 보도록 한다. 힘들여 상상하는 것이 아니라, 단순한 바라봄이 자연스럽게 모든 현상을 유도한다. 비어있음을 상상하게 되면 얼마 지나지 않아 뇌에 과부하가 걸려 상기上氣가 일어난다.

명상의 기본은 생각의 단절이다. 생각을 멈출 때 몸을 구성하는 무수한 의식들이 뇌의 중앙통제를 벗어나 자유로운 소통을 시작한다. 연인들이 부모님 앞에서 불편해하고, 학생들이 선생님이 나가면 활기를 찾는 이치이다. 뇌의 중앙통제는 논리적 효율성을 높일지는 몰라도, 자연계의 깊은 소통과 확장을 방해한다. 명상은 논리가 힘을 발휘하는 이원성의 세계를 떠나 생명과 존재의 근원으로 가는 여정이다. 이 여정에 가장 필요 없는 것이 생각이다. 생각이 있는 한 결코 차원의 경계에 도달하지 못하고, 차원을 넘는 일은 더더욱 없다. 경구가 언급한 생각-자유(Śiva)의 본성은 배경의식의 바라봄이다. 이것은 생각을 놓고 차원의 경계에 이른 뒤 비로소 일어나는 입문을 통해 얻어진다.

47. O gazelle-eyed Goddess, if one contemplates on all the elements constituting the body as pervaded by void, then one's contemplation (of the Void) will becomes firm.

부드러운 눈을 가진 여신이여, 몸의 모든 요소를 온통 비어 있는 것으로 명상하면, 공에 대한 명상은 확고히 될 것이네.

부드러운 눈이란 '물러나 바라보는 눈'을 상징한다. 형상으로 묘사되는 붓다 또한 이런 눈을 가지고 있다. 그 눈은 아무런 긴장이 없어 곧 감길 듯하나, 영민함이 서려 있다. 그 냉철한 기운은 어지러운 현상에 의해 겹겹이 가려진 저 깊은 배경에서 오고 있다. 붓다의 눈은 수행자가 지녀야 할 모든 것이며, 동시에 유일한 수련의 기술을 알려주고 있다. '물러나는 바라봄'은 이 문헌『위갸나 바이라와Vijñāna Bhairava』를 관통하는 핵심이다. 그리고 여신은 현상계를 담고 있는 바이라위Bhairavi, 데비Devi, 샥띠Śakti, 곧 우리 인간을 상징한다. 우리는 이미 그 여신의 눈을 가지고 있으나, 단지 그 눈을 감고 있을 뿐이다. 그래서 바이라와는 이제 그 눈을 어떻게 뜨는지 알려주고 있다.

눈을 감고 몸의 각 요소를 바라본다. 처음엔 긴장과 답답함으로 비어있는 무엇을 상상하려 할 것이다. 명상이 지도되는 많은 경우 그렇게 상상하도록 유도되지만, 조금의 인내를 발휘해 그 답답함을 바라보라. 상상의 달콤함이 수련자를 영원히 가두어 둘 수도 있기 때문이다. 그 기다리는 인내에 긴장을 풀도록 한다. 곧 바라보는 몸의 부위에서 비어있음이 감지된다. 이것은 자연 현상이며 누구나 호흡을 하듯 모두가 가진 보편적 능력이다. 생각이라는 의식의 기능에 깊숙이 젖어있고, 긴장되어 있으며, 기다리지 못하는 조급함이 이 '비어있음'을 가리고 있다. 다른 이유는 아무것도 없다.

비어있음이 보이기 시작하면 바라봄을 다른 부위로 점차 옮겨, 몸 전체에서 하나의 비어있음을 바라본다. 앞서 설명한 빈 공간 수련들에서도 동일한데, 빈 공간이 쉽게 느껴지기 시작하면 일상의 활동 중에서도 이 수련을 행할 수 있다. 몸은 원래 비어있는 공간으로 가득하다. 우리의 감각을 통한 지각이 그 빈 곳을 메우고 있다. 몸이 공간을 지나감은 빈 공간이 또 다른 공간을 지나다니는 것과 같다. 세상은 온통 비어있으나, 지각의 해석이 세상을 만들고 있다. 그리고 물러나는 바라봄이 눈을 뜨면 그 비어있음마저 사라진다. 실눈 속에 뜨고 있는 그 눈동자에 배경이 맺혔다. 입문은 이렇게 이루어진다.

48. One should meditate on the body as only enclosed by the skin with nothing inside. Meditating in this way, one attains the One who cannot be meditated upon (i.e. Śiva).

비어있는 피부로 덮여있는 몸을 명상하며, 명상될 수 없는 그 하나됨(Śiva)을 얻네.

이 수련은 앞 경구와 같은 방법이나 미세한 주의를 환기시킨다. 피부라는 경계가 바깥의 허공과 안의 허공을 여전히 나눌 수 있기 때문이다. 비록 수련자가 안팎의 비어있음을 보아도, 알지 못하는 무엇이 그들 사이에 남아있다. 정체성의 갑옷이 그만큼 단단하다. 명상의 전체 여정 속에서 언젠가 다시 그 갑옷을 입어야 할 시점이 오지만, 입문을 향한 길에선 아무것도 허용되지 않는다. 수련자는 정체성의 피부마저 벗어놓은 온전한 알몸으로 외부의 허공과 하나되어야 한다. 안과 밖이 사라지는, 이원성의 벽이 무너지는, 현상과 배경을 갈라놓는 그 경계의 막을 찢어야 한다. 그리고 입문이 이루어진다.

49. If one merges one's senses in the space of the heart, i.e. at the center between the two halves of the heart-lotus with an undistracted mind, then, O Blessed One, one attains supreme blessedness.

흩어짐 없는 마음으로 심장의 중심에 감각을 몰입시키면, 축복받은 자여, 최상의 축복을 얻네.

심장은 의식의 중추이다. 이곳에는 모든 의식의 견해가 모여들고, 뇌가 이해하지 못하는 언어로 각자 자신들을 변론한다. 이곳은 뇌의 통제가 가장 미미한 곳으로 뇌가 멈추어도 심장은 활발히 움직이며 의식 중추로서의 자신의 역할을 다한다. 뇌가 인간을 대표하고 중앙집중적 권력을 행사하고 있는 듯하나, 사실 중요한 결정은 모두 심장에서 이루어진다. 종종 뇌는 심장의 결정을 이해하지 못하지만, 그 결정을 거스르지 못한다. 판단은 혼란스러우나 몸은 이미 심장의 명령을 좇아가고 있다. 심장은 드러나지 않는 권력을 가졌고, 그 힘은 뇌에게 소외받는 절대다수의 개별 세포의식들에서 나온다. 인간의식의 공권력에 분열과 혼란이 일어나는 이유이다. 심장은 뇌의 공식적 권력을 거부하는 무정부주의자들의 근거지이다.
　이 수련은 정부의 공권력이 무정부주의자들을 와해하는 작전이다. 합리성과 정당성을 상실한 권력의 무차별 공격이라면 심장은 회복 불가능한 상처를 입을 것이고, 그 여파는 혈액을 통해 세포의 구석구석까지 전달되어 온몸을 파괴할 것이다. 이 수련은 굉장한 위험을 안고 있다. 실제적으로 정제되고 순화되지 않은 의식을 심장에 집중하면, 심장의 생리적 질서를 흩뜨릴 수 있다. 그래서 이 수련의 전제조건으로, 표면에 노출되고 공식화되는 의식들이 어느 수준에서 조화를 이루고 자신의 합리성과 정당성을 확보해야만 한다. 공권력은 힘으로 무정부주의자를 누를 것이 아니라, 그들의 주장을 들어주며 통합의 방향으로 그들을 설득해야 한다.

이제 흩어지지 않은 바라봄을 살며시 심장의 한가운데에 밀어 넣는다. 심장은 갑작스런 마음의 진입에 당황할 수도 있으나, 그럴수록 바라봄은 힘을 빼고 가만히 심장을 느낀다. 그 소리를, 그 단호한 움직임을 전적으로 허용한다. 심장이 그 바라봄을 어색하게 느끼지 않을 때까지, 바라봄을 침입자가 아닌 손님으로, 친구로, 더 나아가 원래 자신의 일부로 느낄 때까지 고요히 기다린다. 바라봄은 점점 심장 자체가 되어가고, 보이지 않는 여운이 혈관을 타고 몸 전체로 전파되어 나간다. 뇌가 이해하지 못하는 방식으로 모든 세포의식들은 그 바라봄의 여운을 수용하고 있다. 모든 의식은 그 바라봄에 공명하고 있으며, 이것은 축복의 잔치이다. 배경은 이미 활짝 열렸고, 입문이 이루어졌다.

---

50. If one's mind is absorbed at the dvādaśānta, (or by meditating that) the body is void in all parts with firm intellect, then the firmly established Reality is revealed.

마음이 드와다샨따(dvādaśānta)에 몰입되어 몸이 전적으로 비어있음에 있다면, 확고한 실재성이 드러나네.

미간 안이나 바깥쪽에 의식을 모은다. 이곳은 민감한 부분으로 곧 빛을 볼 수도 있으나, 이것은 집중이 어느 정도 숙달되었다는 것일 뿐 아무런 의미가 없다. 집중에 힘을 빼면 빛은 금방 사라지고, 숙련될수록 빛을 보지 않고 수련이 진행되도록 한다. 일부러 빛을 보지 않으려는 노력이 아니라, 빛에 집착하지 않으면 아무런 노력 없이도 빛은 나타나지 않는다. 빛이 사라진 곳은 하나의 비어있는 영역이다. 바라봄이 깊어질수록 그 비어있음은 점점 확장되어, 몸은 물론 세상과 우주 전체로 뻗어나간다. 이 확장으로 인해 몸과 세상은 바닷가 모래 위에 쓰인 글씨처럼 밀려오는 확장의 파도에 여지없이 지워져버린다. 바라봄만이 그 비어있음을 대면하고 있다. 이곳은 경계지역이다. 그리고 바라봄이 숙성되며 이원성의 요소가 녹아나면 배경이 스스로 그 모습을 드러낸다. 이것이 입문이다.

---

51. If one fixes one's mind on dvādaśānta every moment, in any way and wherever one is, then the fluctuations (of the mind) will dissolve and within days one will experience an extraordinary state.

모든 순간 존재하는 어떤 방식 어느 곳에서나 드와다샨따에 마음을 고정하면 마음의 요동은 녹을 것이고, 며칠 안에 일상적이지 않는 상태를 경험할 것이네.

명상수련은 모든 일상에서 가능하고 그렇게 되어야 한다. 이 수련은 앞의 방법을 일상 속으로 들여온 것이다. 앞의 수련은 일반적으로 눈을 감고 앉은 상태에서 시작하지만, 숙련도에 따라 점차 눈을 뜨는 연습을 하여 일상의 전 영역에 안착하도록 한다. 눈을 감은 수련에선 특성상 비어있음을 감지하기가 비교적 수월하지만, 일상에서는 쉬운 일이 아니다. 그러므로 이 수련에서는 비어있음을 언급하지 않는다. 사실 수련과정에서 비어있음은 시각이나 공간의 비어있음이 아니기 때문이다. 그것은 마음이 판단을 중단한 현상일 뿐이다. 이원성이 잠시

154

멈추니, 스크린과 모니터에 비어있음만이 나타난다. 눈을 뜨고 일상이 끊임없이 입력되는 조건에서도 비어있음은 가능하다.

모든 일상에서 드와다샨따를 놓지 않는다. 이것은 하나의 화두처럼 작용한다. 일반적 화두가 언어적 개념이었다면, 여기선 공간의 한 지점이라는 사실만이 다르다. 일상의 현상이 끊임없이 지나가지만 집단의식의 중심은 항상 그곳에 있다. 잠자리에 들어서도 의식은 그곳에 있으며, 그곳에서 잠이 든다. 그리고 그곳에서 깨어나 다시 그곳을 통해 세상을 바라본다. 처음엔 하나의 습관으로 훈련하고 점차 그 구조가 자신의 존재가 되도록 한다. 이해가 어렵고 복잡한 것은 아무것도 없다. 수련이 원활하지 않다면, 단지 이 단순한 것을 지속적으로 실행하지 않을 뿐이다. 머릿속에선 다른 수많은 방법들에 마음이 빼앗겨 이 수련을 신뢰하지 않기 때문이다.

수련이 깊어감에 따라 드와다샨따와 외부 현상에 대한 이원적 구도가 선명해져 간다. 그리고 대등하던 힘의 균형이 무너지며, 드와다샨따는 더욱 분명해지고 현상은 점점 그 실재성을 잃어간다. 마침내 현상의 실재성이 모두 사라지고 하나의 공간만 남는다. 물론 모든 외부 정보가 감각기관을 통해 인지되고 뇌에서 판단을 내리고 근육을 움직여 말을 하거나 행동의 반응을 보이지만, 그 세계는 이미 비어있다. 이것은 결코 논리에 담기지 않는 비-일상적 상태이다. 이제 드와다샨따에서의

바라봄만이 생생하다. 경계에 와 있다. 바라봄과 현상 사이의
경계가 사라질 때, 배경이 열리고 입문이 완료된다.

**52. One should meditate on one's own fortress (the
body) as if it were consumed by the Fire of Time,
rising from the foot. At the end (of this meditation)
the peaceful state will appear.**

발끝에서 올라오는 시간의 불에 의해 몸(성채)이 온통 타버
린 것처럼 명상하네. 마침내 평화의 상태가 나타날 것이네.

경구의 산스크리트 원문 깔라그니나kālāgnina[104]는 세상, 곧
현상계를 파괴하는 자이다. 공간은 현상의 자궁이고, 시간은
끊임없이 그 현상을 파괴한다. 운동과 변화는 시간 속에서 현
재의 상태가 지속적으로 사라져야 가능하다. 시간은 모든 것
을 태워 삼키는 불이다. 수련에서, 마치 이 불이 자신을 온통
태워버려 아무것도 남기지 않은 것처럼 여긴다. 사실 시간은
매 순간 우리를 삼키고 있다. 우리는 매 순간 새롭게 태어나고
있다. 그러나 이 수련에선 새로운 존재에 초점을 맞추지 않고,

---

104 Tantric 전통에서 중요한 개념인데, 시간(kāla)과 불(agni)의 합성어
로 파괴의 신인 Śiva나 그의 아내 Kālī로 흔히 상징된다.

사라지는 자신을 바라본다. 끊임없이 사라져가는 자신을 바라보다 보면 '자신'이라는 감각을 점점 상실하게 된다. '자신'마저 흩어지고 있는데 다른 무엇이 무슨 의미가 있으며, 있음이면 어떻고 없음이면 어떤가? 매 순간 아무것도 사라지지 않고, 아무것도 새로이 오지 않는다. 오고 감의 사이에 있는 그 간격을 보게 된다. 그곳은 비어있고, 경계지점이다. 바라봄은 배경을 열어젖히고, 입문이 이루어진다.

이 수련에 도전하는 사람은 흔하지 않다. 극심한 자기 상실이나 절망을 겪지 않고는 선뜻 친숙해지기 어려운 상상이다. '자신을 태우다니……' 영 내키지 않는다. 그러나 절망의 고통에 문드러져 있는 사람이라면, 이것처럼 쉽게 공감되는 수련 또한 찾기 힘들다. 그들은 그 느낌을 안다. 이미 수십 수백 번 그러고 싶었다. 어쩌면 이미 반절은 타버렸는지도 모른다. 그들은 자신을 지워버리고 싶다. 이 수련은 불을 품고 있는 그들을 위한 수련이다. 절망이 모든 것을 앗아갔지만, 그 절망의 한편에는 축복이 숨어 있다. 볼 눈이 주어진 자에게 그 문이 보인다. 그들은 절벽에 서서 자신을 태움으로써 도약을 이룬다. 그리고 배경으로 들어간다.

53. Meditating in this way by imagining that the entire world has been burnt, a person whose mind is undisturbed will attain the highest human condition.

온 세상이 타버린 것처럼 명상하면, 흩어지지 않은 마음을 가진 그는 가장 높은 인간의 상태를 얻을 것이네.

이것은 앞 수련의 확장 형태이며, 상상에 기반하고 있다. 몸을 타버린 것으로 상상하는 것보다 세상을 이렇게 여기는 것은 더 어려운데, 매우 강한 심리적 압박만이 장기간 혹은 강한 상상을 유도할 수 있다. 이 수련은 자신은 물론 세상마저 놓아버려야 한다. 절망은 고통이지만 기회의 순간이기도 하다. 고통이 자신을 집어삼킬 때 의식은 더욱 단단해지고 선명해진다. 잔인하지만 수련은 이 점을 이용한다. 산만하던 갈등의 가지를 쳐내고, 얼마 남지 않은 힘을 모아, 흩어져 있으나 싸울 여력이 있는 의식들을 추슬러 세상을 태운다. 분노의 불이 세상을 재로 만들고, 그 재마저 연기가 될 만큼 온전히 태워버린다.

그리고 어느 순간 불이 꺼져버린다. 모든 것이 타버렸다. 자신과 세상의 그림자가 여기 저기 굴러다니지만 어느 것 하나 실재적이지 않다. 정녕 타버린 것은 세상이 아니라 분별하는 마음과 분노였다. 세상을 한 번 뒤집어 보았기에 그것에 연연해하지 않는다. 그 큰 세상이 그러할진대, 자기 자신이라는 것은 한 조각 티끌이다. 오직 바라봄만이 바람에 떠다니는 티끌과 재들을 고요히 받아준다. 그리고 그것마저 배경 속으로 사라진다. 이러한 일련의 과정은 어렵기도 하지만 위험한 수련인데, 내면에 파괴의 힘을 극대화시켜야 하기 때문이다. 아예 불을 지피지 않든지, 그렇지 않으면 극단의 불을 지펴야 한다. 어중간한 상황은 수련자를 온전히 파괴한다. 정제된 의식이 있어야 하고, 수련이 수련자를 찾아와야 한다.

---

54. If one meditates on the subtlest elements in one's own body or of the world as if they are merging one after another, then in the end the Supreme (Goddess) is revealed.

몸이나 세상의 미묘한 요소들이 차례로 녹아드는 것처럼 명상하면, 궁극이 드러나네.

몸을 비롯한 세상에 잘못이 없다. 이 수련은 세상에 오류가 있기에 그것을 녹이고 새로운 무엇을 재구성하거나 찾아내는 작업이 아니다. 사회적 인간이란 태어나는 순간부터 교육이라는 구조를 통해 세상을 수용하는 틀을 가진다. 공동의 삶을 영유하기에 꼭 필요한 요소이고, 불필요한 시행착오를 줄이기 위한 장치임은 분명하다. 그러나 의식은 그 편리함에 젖어 그들의 패턴이 자신들을 옥죄고 있다는 사실에 눈을 감는다. 근본적으로 인간이 행복하지 못한 것은 그 패턴에 갇혀 허우적대기 때문이다. 인간의식은 초기화가 필요하다. 모든 패턴을 버리는 것이 아니라, 패턴이 작용하지 않는 구역을 확보하여 패턴에 갇히지 않는 자유를 획득하기 위함이다. 몸과 세상을 녹이는 것은 초기화 작업이며, 이것을 통해 패턴 이전의 근원적 구역이 드러난다.

이 수련은 무엇을 녹이는 상상이 아니며, 눈을 감고 앉아 행하지 않는다. 상상은 이미지를 벗어나지 못하고, 새로운 차원을 열지 못한다. 수련은 일상에서 몸의 움직임과 세상의 흐름을 바라보며 시작한다. 다음으로 그것의 미묘한 요소들을 감지해야 하는데, 사실 이 수련은 시간의 흐름에서 내려오는 작업이다. 지속적인 바라봄에 세상 흐름의 속도가 줄어든다. 시간은 상대적이라 느려지는 것이 아니라, 바라봄이 강하고 정밀해짐으로써 그 흐름의 세세한 부분들이 감지되어 시간이 느려지는 듯한 느낌이 발생한다. 어쩌하든, 이제 수련자는 세상의 미묘함을 알게 된다. 일상에서 이 미묘함이 새로운 일상이 되도록 한다. 비-일상적 실재성이라고 여겨지던 것이 점차 일상의 세계로 들어온다.

사건과 사건 사이에, 행위와 행위 사이의 비어있는 간격이
보이고, 실재성의 미묘한 영역이 그 비어있는 영역과 닿아있
다. 깊어지는 바라봄 속에, 미묘한 영역과 비어있는 영역 사이
엔 경계가 없다. 미묘함이 비어있음으로 녹아드는지, 비어있음
이 미묘함을 마시고 있는지 분간할 수 없다. 그들은 원래 하나
였다. 이것은 생각이 아닌, 실제적 인식이다. 생각은 부분적이
나 인식은 총체적이다. 이것은 중요한 문제인데, 이 수련이 눈
을 뜬 일상을 기반으로 하고 있음에도 불구하고, 많은 수련자
들이 이 과정을 상상으로 진행시키기 때문이다. 이제 비어있
음이 점점 현상 속으로 밀려든다. 현상이 밀려나 사라지는 것
이 아니라, 확고히 믿어오던 현상의 실재성이 녹아내리고 있
다. 그 실재성이 모두 흩어져 사라지는 지점에 배경이 있다. 입
문이다.

---

55. If the energy of breath is meditated upon as
gross and feeble at dvādaśānta, and entering the
heart (at the time of sleeping), then one will attain
mastery over one's dreams.

분명하나 미세한 숨의 기운이 드와다샨따에 있으며, 잠자리
에서 그것이 심장으로 들어가는 명상을 하면, 꿈을 장악하게

될 것이네.

잠자리에 들어 숨의 기운을 미간 안이나 밖에 모은다. 기운을 모은다는 것은 특별히 무엇을 행함이 아니라, 그저 그곳을 향한 바라봄이다. 인간에겐 의식이 가는 곳에 기운이 자동적으로 모이도록 되어 있다. 미간에 긴장을 주지 않도록 한다. 처음의 바라봄은 확연해야 하지만, 곧 이 바라봄은 거품처럼 가벼워져가야 하는데, 그러지 않으면 잠들지 못하는 상황이 발생한다. 바라봄은 거품의 막보다 더 얇아져가야 하지만, 바라봄은 여전히 그곳에 있다. 그리고 이제 그 바라봄을 심장으로 확장한다. 주의할 것은 심장으로 바라봄을 의도적으로 옮기는 것이 아니다. 그 바라봄이 깊어지며 자연스런 확장이 일어난다. 그리고 그 바라봄에 온전히 힘을 빼고 잠으로 들어간다.

심장은 의식의 또 다른 중추이다. 이 수련은 잠을 자는 동안 심장에 바라봄을 '심는' 작업이다. 잠이 들면 뇌의 외부 활동은 불을 끄지만, 여전히 대부분의 의식은 깨어 활동한다. 깨어있을 동안 뇌가 의식의 중추역할을 했으나, 이제 심장이 그 기능을 대신한다. 심장은 뇌와는 조금 다른 작용 원리를 가지는데, 비논리적이며 더 솔직하고 직접적이다. 꿈의 상황이 항상 비약적인 것은 그 이유이다. 꿈에 왜곡이 일어나는 것은 주도권을 상실한 뇌의 일부가 그 직접성이 불편하기에 일으키는 간섭 현상이다. 인간의 의식은 이중 체제를 가지는데, 낮과 밤의 통치권이 다르다. 그래서 이 수련은 권력의 통합을 이루는 통일작업이다.

바라봄이 심장에 심겨지면 꿈의 왜곡 현상이 줄어드는데, 수련을 통해 꿈을 조작하거나 억제하려 하지 않는다. 꿈을 자유롭게 허용한다. 카타르시스catharsis는 꿈의 미미한 기능이며, 다른 차원의 세계를 향한 통로가 꿈의 주된 역할이다. 꿈을 억제하고 조작하면 의식의 질서에 혼란을 초래하는데, 깨어있는 세계에서 특정 내용에 집착하는 것과 같은 현상이 발생한다. 꿈은 자유롭게 해방되고, 확장되어 일상의 의식이 갈 수 없던 차원과 접촉하는 교류의 장이 되어야 한다. 통치적 장악이 아닌, 소통과 이해와 관리가 필요하다. 밤의 세계에서도 수련은 계속된다.

———

56. One should meditate successively on the entire universe in the form of the stages (adhvan)[105] of bhuvana(world)[106] and others, in their gross, subtle

---

105 흐름, 진행 등으로 번역이 되며, Śaivism 용어로 정확한 의미는 복잡하다.

106 우주로 번역할 수 있으나 존재, 인간, 세상, 땅, 거주, 주거 등의 뜻을 가진다.

and supreme condition and in the end the mind will
dissolve.

우주의 흐름을 지속적으로 명상하면, 그것의 거침과 미세함
을 지나 최상의 조건에서 마음은 녹아내릴 것이네.

현상은 물론 인간의 지각에 들어오지 않는 모든 우주들은
변화하고 있으며, 그 변화는 무작위가 아닌 특성을 가진 흐름
을 형성하고 있다. 세상의 '경향성'이라 표현할 수 있는데, 인
간 현상도 이 경향성들의 한 부분이다. 무수히 다양한 경향성
들이 서로 얽혀 세상을 만들고 있다. 인간은 이들 경향성들이
흐르는 바다 위에 떠도는 한낱 나뭇잎과 같다. 나뭇잎은 자신
을 나르고 있는 그 힘을 어찌할 수 없으며, 단지 불어오는 바람
에 떠밀려 얼마쯤 마실이나 다녀볼 뿐이다. 나뭇잎이 할 수 있
는 것은 자신이 끝없는 바다에 떠있다는 사실을 아는 것과 그
상황을 어떻게 받아들일 것인가의 자신의 태도에 관한 선택뿐
이다. 바다 속으로 가라앉든 큰 바람을 타고 하늘을 날든, 그것
은 자신의 소관이 아니다.

일상의 변화는 물론 삶 전체를 관통하는 바라봄이 필요한
수련이다. 매 순간, 어느 상황에서도 그 이면의 흐름을 감지
한다. 삶에 연륜이 있는 경우 접근이 좀 더 쉬울 수 있다. 처음

엔 흐름을 감지하는 것 자체도 어렵지만, 오래지 않아 흐름들이 보이기 시작한다. 폭풍 같은 큰 파도도 있으나 기분 좋은 잔잔한 출렁임도 있다. 바라봄이 익을수록 더욱 미세한 흐름들이 보이기 시작한다. 이 지점에서 수련자는 그 흐름에 관여하고 싶은 유혹을 느끼는데, 큰 파고일 때는 엄두도 나지 않았으나, 이제 그 미세함은 어찌할 수 있을 것 같다. 그러나 크든 작든 그 흐름을 허용하라. 아무리 허우적대어 본들, 한순간의 폭풍은 들어보지도 못한 어느 공간으로 자신을 던져놓는다.

오롯한 바라봄만을 남긴다. 문득 고요한 바라봄은 흐름에서 내려와 있다. 바라봄은 여기 있으나 흐름은 이제 바다가 아닌 강물이 되어 저만치 떨어져 있다. 바다에선 종잡을 수 없던 그 흐름이 어디서 와서 어디로 가는지 보이기 시작한다. 물론 그 근원과 사라져가는 끝은 보이지 않으나, 그래도 저쪽 상류와 하류는 시야에 들어온다. 매일 강가에 빈 낚싯대를 드리우고 강을 바라보라. 헤아리지 못하는 눈보라와 장맛비와 뙤약볕이 지난 어느 날, 흐르는 그 강물에 마음을 살포시 놓아본다.

57. While perceiving the Reality of Śiva in this whole universe up to the ultimate limit by the method of the 'stages' (adhvan), one will experience the great awakening.

우주의 흐름에서 쉬바의 실체를 궁극까지 느낀다면, 위대한 앎을 경험할 것이네.

이 수련은 앞 경구의 확장 형태이다. 인도 전통에서 쉬바Siva 의 실체는 끊임없이 소멸하고 사라지는 죽음이다. 강에 빈 낚싯대를 드리운 촌옹村翁은 강물에서 무엇을 보고 있을까? 우주의 흐름이란 다함이 없는 생멸의 연속이다. 그 출렁임이 때로는 높은 곳에, 때로는 저 깊은 곳으로 떨어지지만 모두가 지나가는 잠시 동안의 울림일 뿐이다. 우리의 마음이 잠시 출렁였다. 촌옹은 그 실체를 알고 가만히 마음을 그 강물에 띄워 보낸다. 촌옹은 어디에도 가지 않았으나, 아무도 촌옹을 볼 수 없다. 빈 낚싯대만 물끄러미 강을 바라본다.

----

58. O great Goddess! If one imagines this whole universe as being void, one's mind gets dissolved in it and one becomes worthy of merging in that(supreme Void).

위대한 여신이여! 우주 전체를 비어있는 것으로 상상하면 마음은 그 안에서 녹을 것이고, 궁극의 비어있음에 녹아들 만하네.

공간에 민감한 이들을 위한 수련이다. 물론 이것이 모든 이들에게 개방되어 있지만, 어떤 사람들에게는 더 특별한 의미가 있다. 공간에서 남다른 느낌을 가지는 이들에겐 공간이란 단순히 비어있는 영역이 아니다. 일반인들이라면 허전함과 단조로움 혹은 불안까지 느껴질 수 있는 이 영역이 그들에겐 신선함과 해방과 흥분의 요소가 된다. 비어있음은 창조의 영역이고, 역설적이게도 충만의 세계이다. 그들은 공간에 끌린다. 전 우주가 비어있다니, 이 얼마나 경이로운 소식인가! 세상과 인간과 마음의 본질이 저 깊은 하늘처럼 뻥 뚫려있으니 정말 다행스러운 일이다. 공간은 그들을 매혹하고, 그들은 언제든 자신을 날려 그 미지의 영역에 뛰어들 준비가 되어 있다.

공간에 매료된 이들에게 이 수련은 그들의 삶을 빨아들인다. 무엇을 해야 하는지 그들은 이미 알고 있다. 일상의 모든 상황에서 그들은 끊임없이 공간을 탐색하고, 그곳으로 촉수를 뻗는다. 만일 이 수련을 하는 이들 중 하나가 당신과 대화를 하고 있다면, 그 순간에도 그는 당신을 하나의 공간으로 인식할 것이다. 당신의 대부분을 구성하고 있는 그 빈 영역, 그리고 원래 당신의 근원인 그 공간을 보고 있을지도 모른다. 공간에 느낌이 없는 이가 이 수련을 한다면 조만간 그는 미쳐버리거나 당장 수련을 그만둘 것이다. 경구엔 상상하라는 표현을 사용했지만, 사실 이 수련은 상상으로 접근할 수련이 아니다. 공간이 이미 흥분의 영역이 된 이들에게만 보이는 길이다.

이 수련은 비-일상적 차원을 열고 들어가는 중요한 방법 중의 하나이다. 세상은 일반감각에 알려지는 일상적 실재성이 전부가 아니다. 눈에 보이는 것이 전부가 아니라는 말이다. 세상은 많은 차원이 상호 얽혀있고 영향을 주고받는 복합구조를 가지고 있다. 인간은 이미 그들 차원에 속해 있으나, 우리가 눈을 감고 팔짱을 끼고 있을 뿐이다. 미래의 인류는 이 차원들을 하나하나 일상의 실재성으로 가져올 것이다. 명상의 역할이 원래 이것이다. 공간이란 다양한 차원들에 모두 내재되어 있는 중요한 요소이다. 이 수련은 그 공통의 분모를 공략함으로써 다양한 차원에 길을 놓는다. 어느덧 수련자는 경계에 도달하고 궁극의 배경으로 진입한다. 이것이 입문이고, 차원들을 향한 여정의 시작이다.

---

59. One should cast one's eyes in the empty space of a jar or any other vessel, leaving aside the enclosing walls (containing the space). Then one merges instantaneously in that (empty space), and by virtue of this merging one becomes united with that (great Void).

항아리의 공간을 둘러싸고 있던 벽을 옆으로 밀쳐두며, 그 빈 공간에 시선을 던져 넣어야 하네. 즉시 그 빈 공간에 녹아 들고, 그것과 하나되네.

공간에 아무런 감동이 없다면, 이제 그 공간과 친숙해보자. 이 수련은 일반인들을 공간으로 유도하는 방법이다. 항아리나 유사한 대용물을 준비한다. 이것은 전통적으로 안과 밖의 동질성이나 비어있음의 본성을 설명하는 데 자주 사용되는 물건이다. 항아리의 본성은 비어있음에 있지, 단단한 흙덩이에 있지 않다. 그러나 일상의 마음은 그 외피를 항아리로 인지하는데, 이런 착각은 우리 삶의 전반에서 일어나고 있다. 외피도 의미를 가지지만 마음이 놓치고 있는 것이 너무 많다. 준비한 항아리 안에 바라봄을 살며시 담아본다. 고요한 기다림 속에, 모든 시선이 그곳에 담겨 있다면, 서서히 그 공간의 질감이 느껴진다. 사실 시선도 질감을 느낀다.

공간은 비어있는 것이 아니었다. 우리의 감각이 애써 외면하고 있었을 뿐이다. 울음을 터뜨리며 사회에 들어온 순간부터 우리의 마음에 자리 잡기 시작한 획일의 법칙들이 감응의 촉수들을 모두 잘라버렸다. 인간은 장님에 귀머거리가 되었고, 손발이 문드러지게 되었다. 인간은 일상의 감각에 담기는 것이 세상의 전부인 것으로 알아왔다. 그러나 이제 그 촉수가 다시 자라고 있다. 공간이 만져지고 그 향기가 코를 타고 들어와 뇌를 찌른다. 그 부드러움과 따스함에 신음을 토하지 않을 수 없다. 이것이 지금껏 무시해오던 '비어있음'이었다. 그것은 태곳적부터 우리의 존재를 받쳐주던 생명의 손길이었다. 이제 항아리 안의 공간은 그 벽을 밀쳐내고 우주 저 깊은 곳까지 뻗어 나간다.

---

60. One should cast one's gaze on an open (stretch of) land devoid of trees, mountains, walls etc. When the state of the mind is fixed there, then the fluctuating thoughts dissolve (by themselves).

나무가 없는 민둥산이나 사막 같은 열린 공간에 시야를 고정해야 하네. 마음이 고정되면 요동하던 생각들이 잠잠해지네.

빈 항아리에 대한 명상과 같으나, 그 응시의 대상이 사막과 같이 열린 공간으로 확장된 형태이다. 이 수련은 고대부터 모든 문화권에서 명상수련자들이 일상적 공간을 떠나 설산이나 사막으로 들어간 이유 중 하나를 설명해준다. 우선 시각적으로 마음을 산란하게 할 모든 요소를 제거하는 것이다. 4,000m 이상의 고지대나 사막에 장기간 노출된 경험이 있는 사람에게는 그 이유를 더 이상 설명할 필요가 없다. 그 비어있음의 압도는 인간의 마음을 단숨에 삼켜버린다. 항아리에 재미를 보지 못한 사람은 돈과 시간을 들여 당장 사막으로, 히말라야로 달려가기 바란다. 그러나 그 압도와 너무 깊은 사랑에 빠지지는 말기 바란다. 수련자의 갈 길은 그 압도와 희열을 넘어 배경으로 뻗어 있기 때문이다. 배경에 들지 못하면 입문은 없다.

───

61. Meditating on the knowledge of two things or states one should rest in the middle. By abandoning both simultaneously, the Reality shines forth in the center.

두 가지 상황에 명상하며 그 중간에 머물러야 하네. 동시에 둘을 버림으로 인해, 그 가운데 실재가 드러나네.

이원성을 개념에 직접 파고듦으로써 해결하는 수련이다. 선불교에서 널리 사용되는 방법으로, 상반되는 두 개념의 중간에 머물러 봄으로써 둘 모두를 넘어설 수 있도록 유도한다. 하늘과 땅, 밤과 낮, 사랑과 미움, 날숨과 들숨, 너와 나 등 어떤 이원적 개념이든 상관없으며, 그 가운데엔 아무것도 없음을 보는 수련이다. 이 수련에서 중요한 것은 양쪽의 두 개념이 아무런 힘을 미치지 못하는 그 미묘한 지점에 의식을 놓는 것이고, 가장 주의해야 할 것은 그 지점을 논리적으로 생각하여 만들어서는 안 된다는 사실이다.

의식은 흔들리는 시계추마냥 끊임없이 두 지역을 오간다. 둘 사이의 간격이 잘 보이지 않는다. 사랑이면 사랑이고 미움이면 미움이지, 사랑이면서 동시에 미움이면 어쩌란 말인가? 스스로 그 모순에 빠져 만신창이가 되어야 한다. 그리고 이런 수렁을 한 곳이 아니라, 여러 곳을 전전하며 의식이 극도의 피로감에 빠져야 한다. 생각 자체가 고통이고, 죽음이 유일한 답처럼 보이기도 한다. 이 지경까지 오지 않으면 이 수련은 아직 뜸이 덜 들었다. 고통이 절정에 다다를 때, 대부분 죽음보다는 생각과 개념을 버리는 선택이 이루어진다. 그리고 개념이 힘을 미치지 못하는 그 지점에 비로소 간격이 드러난다.

추는 멈추고 의식은 쉼이 무엇인지 처음으로 그 맛을 본다. 지금껏 잠을 자는 동안에도 휴식이란 없었다. 의식의 일부는 불을 끄지만 나머지는 꿈에서, 그리고 깊은 잠속에서도 분주히 어디를 다니고 있었다. 그러나 이제 태엽을 감았던 인형은 그 힘을 잃었다. 인형은 빈 지점을 고요히 바라보고 있다. 평화가 있다면 아마 이런 것이 아닐까? 가고 싶은 곳도, 가야 할 이유도, 오라는 누구도 없다. 바라봄만이 그 적막함을 지키고 있다. 여기는 현상의 나라 어느 곳, 아무도 찾지 않는 외딴 변방의 한 모퉁이이다. 그러던 어느 날 바라봄은 국경을 훌쩍 넘어 사라졌고, 그의 소식을 묻는 이 아무도 없다. 입문이 이루어졌다.

---

62. When the awareness has abandoned one object and remains fixed without moving on to another objet, then through the state in between (the two) the supreme realization will unfold.

자각이 한 대상을 떠나 다른 대상에 옮겨가기 이전의 지점에 고정된다면, 두 대상 사이의 지점을 통해 최상의 실재가 드러날 것이네.

대상이 없는 지점을 포착하는 수련이다. 일반의식은 한 지점에 고정되기가 무척 어려운데, 마음은 끊임없이 이미지를 먹고 사는 존재이기 때문이다. 새로운 이미지가 공급되지 않으면 마음은 굶주림으로 아우성이다. 그래서 인간의 일상이란 지속적인 이미지의 연속으로 채워진다. 일반적으로 많은 명상 수련들이 한 대상을 지정하고 바라봄이 힘을 얻으면 그 대상을 버리는 순서로 진행된다. 그러나 이 수련은 한 대상을 지정하지 않는 특성이 있으며, 굳이 눈을 감고 앉아있을 필요도 없다. 이미지가 흘러 다니는 모든 일상에서, 분노와 질투와 미움이 난무하는 살벌한 그 실전實戰 속에서 행해지는 수련이다.

일상에서 대상을 바라보는 밀도를 높인다. 지나가는 대상을 붙들지 말고 그저 흘러가도록 하며, 단지 바라봄만을 선명히 한다. 좋으면 좋은 것으로, 싫으면 싫은 것으로 그저 느끼고 그 것에 애착을 가지지 않는다. 고통은 지나가게 마련이고, 사랑 스러운 것도 사라져가기는 마찬가지이다. 거룩한 대상을 좇아 갈 필요도 없고, 추악한 대상과 맞서 싸울 일도 아니다. 일상에 다가오는 모든 대상은 제각기 나름의 이유가 있어 만나게 된 다. 일어날 것이 일어나도록 허용하라. 수련자는 물러나 있는 바라봄 속에서 그 사건들의, 대상들의, 이미지들의 흐름을 허 용하라.

바라봄이 익어감에 따라 그 흐름의 속도가 느려지기 시작한 다. 대상을 바라봄에 밀도가 더해지면 그 대상들이 연속적이 지 않음을 알게 된다. 독립적인 대상들이 그저 엉겨 굴러다닐 뿐이다. 이제 그 대상과 대상 사이의 간격을 포착하도록 한다. 대상들은 징검다리처럼 듬성듬성 놓여 있으며, 의식은 그들 사이를 훌쩍훌쩍 뛰어넘어 다닌다. 바라봄에 여유가 있으면 한 대상을 떠나 다른 대상에 발을 들이기 이전의 그 지점에 의 식을 고정시킨다. 대상과 이미지가 없는 그 지점을 흡입하라. 다음 순간 일상의 흐름은 다른 대상을 들이댄다. 그 대상을 거 부하지 말고 그냥 받아들여라. 전과 다른 점이 있다면, 이전에는 대상과 대상에 발을 놓았으나 이제는 대상과 대상 사이에 발을 놓는다는 점만 다르다. 이제 일상의 삶은 대상과 대상의 연속이 아닌, 이미지 없음의 연속이고 그 지점을 향유하는 것이 된다. 그곳은 번잡함이 사라진 경계지점이다. 바라봄은 경계를 넘어 배경으로 들고, 입문이 완료된다.

이 수련은 명상자세로 눈을 감고 진행하기도 하는데, 일상을 이용하는 형태에 익숙해지기 이전에 도움이 된다. 물론 차이점은 바라봄이 일상의 대상을 상대하지 않고, 눈을 감은 상태에서 표면의식에 올라오는 모든 생각과 이미지를 상대한다는 점이다. 우선 올라오는 모든 생각을 허용하라. 좋고 싫음의 판단 없이 모두 허용한다. 어떤 위대한 사상이든 추악하고 파렴치한 생각이든 붙들거나 거부하지 말아야 한다. 생각이나 이미지는 원래 중립이다. 생각이 흐르는 속도가 감소하고 그 간격이 보이기 시작하며, 바라봄이 그 간격에 익숙해진다. 경계지점에서 바라봄은 자신의 일을 한다.

---

63. If one contemplates simultaneously that one's entire body and the universe consists of nothing but Consciousness, then the mind becomes free from thoughts and the supreme Awakening occurs.

자신의 몸과 우주가 동시에 하나의 의식임을 명상하면, 마음
은 생각에서 자유로워지고 최상의 깨어남이 일어나네.

인간의 몸과 우주가 다르지 않다는 철학적 선언은 틀린 말
은 아니지만, 실제 개인의 의식에 아무런 의미가 없을 수 있다.
그리고 대부분의 사람들에게 그것이 현실이다. 아무리 대단한
생각이라도 그것은 살아있지 못한 개념일 뿐이다. 명상은 생
명이 없는 개념의 이미지에서 생동하고 상호 교감하는 살아있
는 차원으로 의식을 옮겨오는 작업이다. 개념은 도서관의 활
자로 누워있지만, 생명력은 들에서, 산에서, 강에서 서로 감응
하고 나누고 변화한다. 활자에 갇힌 의식은 평생 도서관의 퀴
퀴한 곰팡이 냄새만을 맡으며 얼굴을 찌푸리겠지만, 생명의
바람을 타고 다니는 의식은 산과 들에서 수많은 향기를 맡으
며 충만의 미소를 지을 것이다. 모든 사람들이 같은 세상에 사
는 듯하지만, 사실은 전혀 다른 차원에 살고 있으며 서로의 교
집합조차 없다.

이 수련은 간화선의 화두와 같다. '나는 우주다'라는 것이다.
아무리 논리를 가져다 대어도 실질적인 수긍을 받기는 어렵
다. 세상의 어느 개념과 논리도 이 화두에 생명을 불어넣지는
못한다. 논리가 바닥나는 극단에 이르러야 한다. 이것이 이 수
행의 관건이다. 자신이 곰팡내 나는 도서관에 스스로를 가두

고 있었음을 알아야 한다. 이제 개념을 던져버리고 들판으로 나온다. 상쾌한 공기와 따스한 햇살이 우선 자신을 맞아준다. 한참을 걸으니 개울이 나온다. 신발을 벗고 발을 담그니 그 차가움이 혈관을 타고 올라 심장을 찌른다. 그러나 갑작스런 그한 방에 미소만 흘러나온다. 졸졸대는 물소리를 넋을 놓고 따라가다, 순간 중심을 잃고 개울 속에 첨벙 빠져버린다. 온몸이 흠뻑 젖었다. 낯설지만 촉촉한 그 느낌이 드러나지 않던 구석구석으로 스며들고 있다. 이렇게 서서히 생명의 차원으로 들어가고 있다.

---

64. By the meeting of the two breaths, at the extreme point, either within or outside (the body), the yogī becomes capable of experiencing the rise of the knowledge of equality.

두 호흡이 만나는, 몸 바깥이나 안의 끝 지점에서 요기는 균일성을 경험할 여지를 갖게 되네.

호흡에 관한 몇 가지 다른 수련법이 앞에서 소개되었다. 이수련은 호흡이 흐르는 과정이나 그 멈추는 지점에 초점을 맞추는 것이 아닌, 나가고 들어오는 숨을 통해 양극을 오고 가는 이원성에 존재하는 균일성을 찾는 수련이다. 인간은 매 순간 삶과 죽음을 오고 간다. 우리의 삶이란 이런 극단을 양쪽에 두고 추는 춤과 같다. 숨이 나가는 지점을 바라보라. 그리고 들어와 쉬고 있는 지점을 보라. 이 수련이 호흡에 국한된 것은 아니다. 세상의 모든 양 극단이 있는 곳에서 가능하다. 선善 속에서 악惡을 보고, 악 속에서 선을 본다. 선이나 악이 앉아있는 그 바닥을 본다. 선도 악도 아닌 그 바닥은 배경이다.

——

65. (The yogī) should contemplate on the whole world or his own body as filled with the bliss of the self, then by his own blissful nectar he becomes united with the supreme bliss.

자신이 주는 축복으로 가득한 세상이나 자신의 몸에 명상하면, 자신의 축복에 의해 최상의 축복과 하나되네.

작은 씨앗이 큰 열매를 맺는 수련이다. 자칫 이 수련을 '상상이 실재를 낳는다'라는 내용으로 해석하지 않도록 조심해야 한다. 심리요법의 자기최면처럼 긍정적인 자기암시를 통해 원하는 결과를 얻는 요법이 아니다. 물론 그런 상상과 자기암시가 사회적 성공이나 인간관계에 좋은 결과를 낳기도 하지만,

그 효과는 단지 그 수준에 멈추어 있다. 상상과 자기암시는 의식의 깊은 곳에 자리한 문제들에는 효과가 없다. 표면화되지 않는 대부분의 의식들은 그것이 허구임을 알고 있기에 결코 감동받는 일은 없다. 심리요법에서 자기암시의 한계는 분명하다. 슬픔의 원인이, 분노의 동기가 사라지지 않았는데, 단지 자기암시로 치유되는 일은 없기 때문이다.

이 수련은 상상이 아니라, 철저히 실제 체험을 바탕으로 하는 신뢰와 확신에서 시작한다. 누군가에게 행복을 찾기 위해 자신과 세상이 축복으로 가득하다는 상상을 하라면, 그 효과가 얼마나 있고 또 얼마나 지속될 수 있겠는가? 수련엔 우선 씨앗이 심겨져야 한다. 일상의 아주 작은 사건에서 축복을 감지한다. 그 축복은 자신이 만든 것이 아닌, 자신을 벗어난 다른 어느 곳에서 오는 것임을 분명히 인지하고 인정할 수 있어야 한다. 축복은 지식이 아니라 그저 앎이다. 축복은 증명되는 것이 아니라, 자체가 그 자체에 권위를 부여한다. 그리고 진정한 '감사'가 일어난다. 이 씨앗-사건이 클 필요는 없지만, 분명하고 자신의 온전한 수긍과 신뢰가 담겨야 한다. 이런 씨앗-사건을 만나는 것은 현실에서 크게 어렵지 않다. 지나친 자기 과신에 빠져있지 않다면 누구에게나 다가오는데, 그 가치를 활용하지 못하고 그저 흘려버리는 경우가 대부분이다.

축복의 씨앗을 가진다는 것은 우리의 관심이 이미 새로운 차원에 열려 있으며, 그 차원이 밀려오기 시작했다는 의미이다. 이 수련엔 긴장해야 할 아무것도, 애를 써야 할 그 어떤 것도 없다. 현실의 상황을 그저 바라보며 그것이 축복임을 알면 된다. 감사가 저절로 일어난다. 자기 암시적 감사가 아닌 자발적인 감사이다. 이 수련을 제대로 해보지 않으면 결코 믿을 수 없는 일들이 계속 발생한다. 감사할 일이 계속 생기기 때문이다. 이것 또한 하나의 축복이다. 조그만 씨앗에서 출발한 축복이 점점 커져 세상과 우주를 가득 채운다. 명심해야 한다. 이 수련은 씨앗을 볼 줄 아는 눈에서 시작한다는 것을. 오만함이 사람들의 눈을 가리고 있다.

────

66. O gazelle-eyed (Goddess)! By applying a trick there arise suddenly great bliss by which (experience) Reality is revealed.

영양처럼 부드러운 눈을 가진 여신이여! 장난을 칠 때 갑자기 축복이 일어나고, 그것에 의해 실재가 드러나네.

축복의 감지에 대한 또 다른 수련이다. 영양의 부드러운 눈은 편견이 없고 담백한 눈을 상징한다. 어느 누구도 오만한 눈을 표현하며 영양을 비유하지는 않을 것이다. 축복은 그것을 볼 수 있는 자에게만 드러나는 특성이 있다. 감추어져 있고 비밀스러우며, 그러나 동시에 모두에게 열려 있다. 그만큼 어디에나 늘려 있다. 장난이란 일상의 가장 가벼운 어떤 것이며, 심각한 무엇은 더 이상 장난일 수 없다. 가장 작은 일상 속에 축복은 자신을 꼭꼭 감추고 있다. 일상을 무시하는 이들에게 축복은 영원한 신기루일 뿐이다. 그렇게 그들은 죽어가고 있다.

장난은 의미 없음이며, 논리 없음이다. 복잡한 생각이 멈추고 행위만이 드러나는 시점이다. 인간은 이 지점에서 해방감을 느낀다. 인위적인 어떤 것이 아닌, 그 이면에 있던 다른 차원을 불러들인다. 그 차원엔 느낌과 직관이 지배한다. 규칙성이 없으며 불확실성이 가장 대우를 받는다. 그래서 이 차원은 창조의 마당이다. 아직까지 경직성 속에서 창조가 나온다는 말을 들어보지는 못했다. 장난은 그런 힘을 가지고 있다. 정확히, 장난이 아니라 장난을 허용하는 그 불확실성과 단순함에 그런 힘이 감추어져 있다. 그리고 이 차원에서 인간은 해방과 휴식을 안을 수 있다. 의미 없음 속에서 인간은 가장 의미 있음직한 그 무엇을 만나게 된다.

장난을 칠 때 누구나 웃음을 터뜨리는 것은 그 속에 반전, 단절, 신선함과 확장 같은 충격을 만나기 때문인데, 그것은 일종의 축복이다. 축복은 다른 차원에서 스며들고 있다. 웃음이 터지는 그 짧은 순간에, 언뜻 보이지만 감추어져 있던 그 차원을 감지하는 것이 이 수련의 핵심이다. 그 차원은 늘 우리를 감싸고 있으나, 우리의 감각은 깊은 잠에 들어 있다. 바라봄이 눈을 뜨고 그 차원의 장막을 찢고 들어가야 한다. 이것이 장난이 우리에게 던지는 메시지이다. 끊임없이 전달되는 축복의 메시지는 '배경이 바로 곁에 있다'는 내용이다. 손끝이 닿는 그곳이 바로 경계지점이다. 칼에 닿은 팽팽한 북이 죽 나가버리듯, 그 경계의 벽을 찢고 들어가야 한다.

---

67. Closing all the opening of the senses, by the slow upward rise of the Energy of Breath, one feels a sensation like the crawling of ants. At that time the supreme joy is revealed.

모든 감각을 닫으며, 숨의 기운을 천천히 끌어올려 개미가 기어가는 듯 그것을 느끼니, 최상의 기쁨이 열리네.

세포의식들을 모두 깨워 감응력을 높이는 수련이다. 많은 전통에서 언급하는 생명 에너지는 다름 아닌 깨어있는 의식이다. 생명력이 특정 회로를 따라 전기가 흐르듯 지나다니는 것이 아니다. 하나하나의 의식이 불을 밝힘으로써 거대한 파도가 출렁이듯 그들은 한 덩어리로 춤을 춘다. 우리의 몸 자체가 의식의 덩어리이며 하나의 생명력이다. 파도의 일렁임에 수만 개의 물방울로 만개했다 다시 하나로 수렴되듯 의식들은 개별이며 동시에 하나인데, 이것은 깨어있는 의식들의 상호 교감에 의해 이루어진다. 명상수련에서 언급되는 생명력의 문제는 광산에서 금을 채굴하거나, 방전된 자동차 배터리에 케이블을 연결하는 문제가 아니다. 생명력은 의식의 각성에 관한 것이지, 산술적으로 측정이 가능한 물량적 차원이 아니다.

이 수련은 그 과정에서 촉각을 활성화시킨다. 이런 류의 수련들은 수련자와 그 주변을 파괴할 수 있기에 전통적으로 조심스럽게 다루어졌다. 수련자가 초심을 놓치면 결코 경계를 넘을 수 없고, 감각의 노예가 된다. 상당히, 정말 조심할 일이다. 우선 수련은 일반적 감각을 닫는 것으로 시작한다. 감각을 닫으라는 것은 방문을 닫듯 수도꼭지를 잠그듯 그러는 것이 아니라, 의식이 숨의 기운을 바라보도록 한다. 바라보라는 것은 느끼라는 것과 같은 뜻이다. 의식은 몸 전체를 가만히 바라본다. 그 바라봄이 고요해야 하는데, 몸에 일렁이는 미세한 변화를 감지해야 하기 때문이다. 감지기가 정밀할수록 더 미세한 정보를 포착할 수 있다.

바라봄이 안정되면 몸의 각 부분에서 미묘한 느낌이 보이기 시작한다. 특히 피부에서 더 민감한 반응이 느껴지는데, 감각 수용기가 많이 분포하고 있으며 외부의 미세한 진동들이 끊임없이 다가오기 때문이다. 환경이 허용되면 가급적 모든 옷을 탈의하는 것이 도움이 되지만, 필수사항은 아니다. 노출된 피부에서 느껴지는 그 간지러움을 바라본다. 이것은 자연에 있는 꽃을 깊이 바라보면 그 꽃잎들이 내보내는 미세한 울림과 같다. 그 울림은 의식들이 서로 감응할 때 보이는 희열의 전율이다. 이 희열의 전율이 이 수련의 일차적 과제였다. 이제 이 전율로 세상을 온통 채워라.

여기에 함정이 있다. 그 울림의 춤을 따라가면 안 된다. 울림이 선명해질 즈음, 냉정한 바라봄으로 그 중심에 뛰어들어 울림의 근원을 찾아 들어가야 한다. 더 깊은 곳으로 한없이 내려간다. 어느덧 그 울림이 모두 내려앉는 고요한 바닥에 닿는다. 이곳은 경계이고 문이다. 모든 감각이, 모든 기운이, 모든 희열과 울림이 들어오지 못하는 존재의 경계이다. 바라봄 앞에 하나의 문이 드러나고 그 안으로 들어간다. 이곳은 배경이고, 감각은 입문을 하였다.

---

68. One should place one's mind full of bliss between 'fire' (vahni) and 'poison' (viṣa), or filled with breath, then one will be united with the blissful union (of Śiva and Śakti).

소화력과 독성 사이에 충만한 축복을 놓거나 호흡으로 채우면, 축복과 하나될 것이네.

은유의 비약이 많이 된 경구이다. 와흐니Vahni는 소화의 불, 위샤viṣa는 독이란 말이지만 의지와 지식의 힘을 뜻하고, 더 정확히 두 용어는 성적 홍분과 그 진정상태를 의미한다. 이 수련은 성적 홍분상태를 통해 근원을 찾는 방법으로, 여러 문화권에서 컬트적 신봉과 탄압이라는 두 역사를 가지고 있다. 당연히 위험요소가 많으며 분명 통제가 필요하다. 그러나 그 위험은 방법 자체에 있지 않고, 의식의 섬세한 차원을 이해하지 못하는 문명적 미숙아들에 의한 오용에 있다. 적절한 표현으론 "돼지에게 진주를 던지지 마라"는 격언이 있다. 성적 홍분의 상황이 일상의 한 부분이고, 모든 일상을 수련의 한 과정으로 활용한다는 견해에서 성인들에게 허용될 수 있지만, 수련 자체가 요구하는 의식조건을 충족시키는 사람이 많지 않은 것은 분명하다. 수련의 조건이 갖추어지지 않으면 결코 수련이 의도한 결과는 없으며, 오히려 인간의 의식을 피폐시키는 지름길일 뿐이다. 자신을 합리화시키지 않도록 조심해야 한다.

적절한 상황이 되면 홍분을 더 이상 진행시키지 않는다. 그것을 좇아 달려가 버리면 수련은 끝이고, 그저 일상의 한 사건으로 종결된다. 정점(vahni)과 바닥(viṣa) 사이에 멈추어야 한다. 그 멈춘 지점의 충만함을 느끼며 그곳에 숨의 기운을 채운다. 그곳은 물리적 공간이 아니다. 이제 그 지점을 바라본다. 바라보는 행위 자체가 기운을 채우는 행위이다. 알지도 못하는 뭔가를 채우려 긴장하고 애를 쓰며 상상하면 오히려 바라봄이 깨어진다. 컬트적 생리학은 독이 되므로 모두 잊어야 하며, 그 바라봄에서 모든 의지의 끈을 놓는다.

오롯한 바라봄이 그 지점에 남으면 그곳은 희열과 충만으로 가득 차오른다. 그것을 허용하라. 인류 역사 속에서 많은 권위들이 기쁨을 탄압해왔다. 기쁨에는 잘못이 없다. 생명력에 대한 부정적 씨앗을 의식에 심는 것은 내면에 자기모순을 만드는 일이다. 분열된 의식으로 어디를 갈 수 있겠는가? 이 수련의 또 하나의 조건으로, 성적 행위에 대한 두려움과 부정적 인식이 전혀 없어야 한다. 수련과정 자체가 싫고 혐오스러운데 바라봄이 무르익을 여지는 전혀 없다. 수련은 가장 이상적인 상황에서 진행되어야 한다.

그 충만을 바라본다. 그런데 그 충만이란 것이 고정된 어떤 것이 아닌, 살아있으며 어느 곳에선가 지속적으로 오고 있다. 그 생동과 흐름을 느낄 수 있다면 그 흐름의 근원을 찾아 그 속으로 들어가야 한다. 물론 바라봄이 들어간다는 뜻이다. 그 깊은 곳에서 바라봄은 하나의 경계를 만난다. 희열도 충만도 사라진 지역이다. 바라봄은 전적인 기다림 속에 있으며, 어느덧

문이 열리고 배경으로 들어간다. 희열을 지나 입문이다.

---

69. The delight experienced at the time of (sexual) union when the female energy is excited and when the absorption into her is completed, is similar to the spiritual bliss (lit. the bliss of Brahman) and that bliss is said to be that of the Self.

여성의 기운이 활성화되고 그녀가 충분해질 때, 결합의 기쁨은 영적 축복과 비슷하며 자신(Brahman)의 것이네.

삶의 상황엔 많은 기쁨과 희열의 순간들이 있다. 그러나 그 감정과 의식의 상황이 모두 같은 것은 아니다. 만들어지는 조건이야 당연히 다르지만, 그 의식의 순도가 모두 다르다는 의미이다. 이 경구는 앞의 수련을 보완하며, 상호작용에 대한 내용을 다룬다. 결합의 순도가 수련과정에 영향을 미친다. 서로 다른 숨의 기운들이 충돌하지 않아야 그 결합의 지점에 충만이 깃든다. 인간은 수많은 의식들로 구성되어 있다. 두 사람이면 더 많아지지만, 의식의 숫자보다는 그 의식들의 조화와 균일성이 그 개체(혹은 개체들)를 결정한다. 의식의 여정에선 몸이 하나든 둘이든 의미가 없을 수 있다. 그 의식의 순도가 수련의 결과를 좌우한다.

---

70. O Goddess, even in the absence of a woman there is a flood of delight by merely remembering the sexual joy experienced while kissing, embracing, pressing etc.

여신이여, 비록 여성이 없어도 성적 즐거움을 기억하는 것만으로도 기쁨의 충만이 있네.

성적 기쁨에 대한 명상이 확장되고 있는 수련이다. 비록 직접적인 접촉이 없어도 수련이 가능한데, 인간의 뇌는 들어오는 감각정보를 뇌에서 다시 재구성하기에, 그것이 실제 접촉이든 상상이든 뇌는 구분을 못 할 수 있다. 분명 이 수련은 앞의 실제 접촉을 바탕으로 하는 경우와 많이 다르다. 그 경우는 우리가 가진 의식을 총동원하는 드라마틱하며 역동적인 과정이었으나, 이 수련은 제한적인 의식만을 동원한다. 그래서 숙련되지 않은 수련자는 행하기에 어려움이 많은데, 의식의 집중과 바라봄의 강렬함이 떨어지기 때문이다. 뇌는 모르나 몸은 그 차이를 분명히 알고 있다. 반면, 숙련자는 미미한 의식의 변화만으로도 경계지역에 이른다.

71. At the time of experiencing great bliss, or the joy of seeing a friend or relative after a long time, one should meditate on the rising of this bliss and, while merging with it, one's mind will become one with it.

커다란 기쁨, 오랜만에 친구나 친지들과의 만남이 주는 즐거움에서 오는 축복에 명상하네. 그것에 녹아들며 마음은 그것과 하나될 것이네.

사람에 대한 기쁨만으로 진행되는 수련이다. 여기선 앞의 경우와 달리 성적인 요소가 배제되었다. 성적 접촉이 주는 희열이 아닌, 단지 호감이 가고 친근한 사람이 주는 그 울림만으로 수련을 진행시킨다. 우리는 깊은 여운과 울림을 주는 사람을 종종 만난다. 그 울림의 지점을 오롯한 바라봄으로 포착한다. 그리고 그 여운을 따라 그 울림의 근원으로 들어간다. 그 울림이 세상의 모든 진동을 삼켜버린 그 지점에 경계가 있다. 바라봄의 기다림이 있고, 배경이 다가온다.

일상에서 만나는 그 어떤 이가 입문으로 가는 길이 될 수 있다. 사람과의 만남은 작은 사건이 아니다. 그 만남을 귀하게 맞아들인다면 그 속에 축복이 있다. 굳이 강렬한 희열까지도 필요 없다. 강렬함이 주어지면 그것도 좋으며, 뺨을 스치는 듯한 미세한 떨림이면 그것으로도 충분하다. 자극이 배경으로 인도하는 것이 아니라, 오롯한 바라봄이 길을 이끈다. 강렬함에 집착할 일은 아니다. 배경으로 가는 과정에 차이는 없다.

──

72. When one is filled with joy arising from the pleasure of eating and drinking, one should meditate on the state of fullness. Then the great bliss will arise.

먹고 마시는 즐거움이 가득할 때, 충만을 명상하면 커다란 축복이 일어날 것이네.

음식을 먹는 것은 인간 삶에 크나큰 부분을 차지한다. 단지 그것이 주는 미각적 즐거움뿐 아니라, 먹는 행위는 사람을 만나는 행위와 유사하다. 우리는 사람과의 만남을 통해 다른 의식들과 교류하고 변화하며 새로운 차원을 열어간다. 음식을 먹는 것은 다른 생명을 우리의 생명에 동참시키는 행위이다. 다른 생명과의 교류와 통합을 통해 우리 의식이 유지되며, 개개의 음식이 가졌던 본연의 특성을 우리의 특성과 방향성에 조율시킨다. 이것은 음식이 가진 차원을 인간의 차원으로 확장하는 행위이다. 음식을 먹는 행위는 생명간의 교류이며 차원의 이동과 확장이다. 그리고 인간은 이 만남에 즐거움을 느낀다.

누군가를 만날 때, 그에게 집중하지 않으면 상대는 불쾌감을 느낀다. 음식을 먹을 때 인간이 음식을 제대로 대해주지 않으면 음식은 불쾌해할지도 모를 일이다. 최소한 상호교감이 없는 음식이 몸에 들어오면 인간의 세포와 의식은 이를 환영하지 않는데, 기계적 식사가 건강에 이롭지 않음은 잘 알려져 있다. 이 수련에서는 우선 음식을 먹을 때 음식에 대한 예우를 갖추도록 한다. 종교 전통을 따르면 나름의 간단한 예절들이 있다. 그리고 음식을 제대로 먹어야 한다. 바른 자세로 그 모양과 향과 맛과 감촉을 느껴야 하는데, 한마디로 음식을 정성껏 바라보아야 한다는 뜻이다. 그리고 음식뿐 아니라 음식을 먹는 자신을 함께 바라본다. 음식과 자신이 만나는 그 교류와 동화의 지점을 바라본다.

두 개의 다른 차원이 하나로 녹아들고 있다. 이전엔 존재하지 않던 새로운 차원이 생성되고 있다. 바라봄은 기쁨과 충만을 감지한다. 온몸의 세포들도 만족감에 긴장을 풀고 새로운 영역을 즐긴다. 바라봄은 즐거운 향연을 편안히 허용하며 저만치 물러난다. 시비是非와 경계警戒를 내려놓고 잔치를 즐긴다. 그 충만을 바라본다. 그리고 그 충만의 근원을 찾아 들어간다. 그곳에 배경이 있고, 입문이 기다리고 있다. 이 수련은 여럿이 있는 일반식사에서도 가능하나, 초기엔 침묵 속에 음식을 먹으며, 혼자 먹는 것이 도움이 된다. 음식이 질투를 하면 곤란하지 않은가!

73. When the mind of a yogi is one with the unparalleled joy of music and other (aesthetic delights), then he is identified with it due to the expansion of his mind which has merged in it.

요기의 마음이 비견할 데 없는 음악이나 미학적 즐거움으로 하나될 때, 녹아드는 마음의 확장으로 인해 그것과 하나 되네.

삶에서 즐거움을 주는 또 다른 원천은 예술에서 오는 미학적 기쁨이다. 많은 이들이 이런 종류의 기쁨을 갖지 못하면 그들은 삶 자체를 그만둘지도 모를 일이다. 미학적 즐거움은 강한 마력을 가지고 인간의 의식을 흡입하는데, 이것은 단순한 유희가 아니라 존재의 근원에서 날아오는 충만에 대한 초대장이다. 인간이 예술에 열광하는 것은 존재의 갈증이 배경의 차원에서만 해소되기 때문이다. 예술행위는 배경으로 가는 여정이며, 그래서 이것은 하나의 명상행위이다. 예술인들이 비교적 쉽게 명상을 이해하는 것은, 그들은 이미 인간의식에 펼쳐져 있는 미지의 영역에 대한 경험을 가지고 있기 때문이다. 그들의 감응력은 특별하여 확장된 의식의 영역이 보여주는 부분부분에 감탄해하고 그것을 표현한다. 그들은 배경으로 단숨에 달려가기보다는 그 과정 자체를 즐긴다.

깊은 명상 속에선 모든 감각이 문을 닫고 휴업하는 것으로 흔히 알려져 있지만, 이것은 명상에 대한 여러 오해 중 심각한 하나이다. 물론 그런 의식의 영역도 살짝 있기는 하고, 입문의 과정에 그런 지역을 지나야 하기도 한다. 그러나 명상 속에서 감각은 강하게 살아있다. 그것이 외부가 아닌, 근원을 향하고 있을 뿐이다. 미학적 기쁨을 아는 이들은 근원에서 유출되는 그 배경의 떨림을 포착한다. 그리고 전율한다. 이 수련은 바로 이 지점에서 시작하며, 수련자는 그 떨림을 온전히 볼 수 있어야 한다. 그러나 너무 가까이 가면 배경에서 뻗어오는 힘을 타고 현상의 세계로 흘러가버린다. 그 떨림은 거리를 두고 보아야 한다. 그리고 그것이 오는 깊은 곳을 향해 한 발 한 발 걸어들어간다. 그 발걸음은 배경에 이르고, 이제 표현에서 자유로울 수 있다. 이미 그 근원에 있기에.

74. Wherever the mind finds satisfaction, let it be fixed there, for there itself the nature of supreme bliss will become manifest.

만족이 있는 어디에나 마음을 고정하네. 왜냐하면 그곳에서 축복이 발현될 것이니.

명상은 종교가 아닌 과학이다. 명상을 위해 성전이나 기도 방을 반드시 찾아가야 하는 것은 아니다. 기쁨과 평화가 있는 곳, 그런 시간이라면 어디든 거룩한 성지聖地가 될 수 있다. 굳이 기쁨을 찾는 것은 기쁨이 있는 곳에 집중이 있기 때문이다. 마음은 기쁨을 좇고, 그곳에 모여들고, 그곳에서 쉬고 싶어 한다. 기쁨은 의식이 모이는 사랑방이다. 그 기쁨이 성적 행위이든, 그리운 이의 향기이든, 감미로운 음식이든, 미학적 전율이든, 다른 그 어떤 것이든 상관없다. 강력히 모여든 의식의 바라봄으로 우리는 미지의 세계로 발을 들이고, 마침내 경계에 이르러 배경으로 들어간다. 이 과정은 우주가 인간을 위해 준비한 향연으로의 초대이다.

75. One should concentrate on the state when sleep has not yet come, but the external awareness has disappeared (between waking and sleep) – there the supreme Goddess reveals herself.

잠이 아직 들지 않았으나 외적 인지들이 사라진 곳에 명상하네 – 그곳에 최상의 여신이 스스로 드러나네.

잠은 가게가 문을 닫고 불을 끄는 휴점休店 상태가 아니다. 잠은 일상적 감각의 규칙이 아닌, 다른 규칙들이 작용하는 의식의 다른 영역일 뿐이다. 잠을 하찮게 여긴다면 인간은 삶의 많은 부분을 잃어버리게 될 것이다. 신체 대부분의 활동이 멈춘 그 상태에서 의식은 자신의 또 다른 차원을 열어간다. 자신을 존중한다면 잠자리를 잘 가꾸어야 한다. 값비싼 침구가 아니라, 의식이 다른 삶을 이어갈 동안 몸을 정갈하고 안정적인 상태에 둔다. 이 수련도 그런 상태에서 시작한다. 지친 의식을 특정 위치에 가지런히 놓아둔다. 나직한 바라봄만이 그곳을 지키도록 한다. 혼돈의 그 지역은 모든 이미지를 녹이고 있다. 이곳은 이미 경계지점이고, 그 너머엔 배경이다. 표면의식이 불을 끈 깊은 잠속에서도 바라봄은 깨어있다. 잠이 들어 있든 깨어있든, 바라봄이 의식의 전 차원을 꿰뚫고 있어야 한다.

76. One should direct one's gaze on space which is filled with variegated light of the sun or of a lamp. There itself one's own essential nature will be revealed.

태양이나 램프의 다채로운 빛으로 가득한 공간을 응시하네.
그곳에 자신의 본성이 드러날 것이네.

전통적으로 빛은 명상에 많이 사용되는데, 빛이 의식의 집중을 유도하기 때문이다. 우선 빛이 가득한 공간을 응시하다 눈을 감고, 그 다채로운 빛을 감은 눈앞에 재현한다. 가능한 눈을 뜨고 볼 때와 같은 선명한 빛남을 유지하여 의식의 집중을 유도한다. 이 바라봄이 무르익으면 현란한 빛 속에 스며있는 비어있는 공간을 감지한다. 다소 어렵기는 하지만 이 수련은 눈을 뜨고 행하기도 하는데, 반짝이는 빛 가운데서 그 빛을 허용하는 공간을 바라본다. 시간이 지나며 빛은 점점 사라지고 빈 공간이 의식을 차지한다. 여기서 빈 공간은 물리적 공간이 아닌, 의식의 판단이 멈춘, 그래서 분별의 이원성이 사라지기에 드러나는 빈자리이다. 물리적 공간이 의식의 공간으로 전환되었다. 이미지와 빛이 모두 사라졌다면 경계지점에 왔다. 바라봄으로 경계를 넘어 배경에 들고, 입문을 완료한다.

77. At the time of vision (of oneness) (while practicing) the mudrās: Karaṅkiṇī, Krodhanā, Bhairavī, Lelihānā and Khecarī, the pervasiveness of Supreme Consciousness is revealed.

무드라[107]들을 행하며 하나됨의 통찰이 일어날 때, 궁극 의식이 펼쳐지네.

무드라mudrā는 몸의 특정 형태로, 그리고 그 동작을 취하면 의식에 어떤 변화를 줄 수 있는 마법적 주술로 이해되는 경우가 많다. 무드라는 특정 의식이 몸에 담긴 상태를 가리키는데, 인도 전통의 표현을 빌리면 우주의식과 개인의식이 결합된 축복의 상태를 의미한다. 이것은 결코 주술적 행위가 아니다. 특정 신체적 동작이나 모양이 어떤 결정적 의식상태를 불러들이는 일은 없다. 물론 종교 문화에서 손을 모으는 행위는 마음을 가다듬는 역할을 한다. 그러나 이것은 종교 문화적 상징인데, 이성적으로 그 행위의 의미를 정한 뒤, 무수한 반복을 통한 행동과 의식의 조건화 현상에 불과하다. 종소리가 개의 침을 흘리게 만들 수 있지만 종소리 자체가 특정 능력을 가진 것은 아

---

107 인도 전통에서 수승한 yogī들에 의해 취해지는 몸과 마음의 태도 혹은 자세를 가리킨다.

니다. 명상 초보자가 아무리 무드라 동작을 취해도 아무런 일이 일어나지 않는다.

무드라는 몸의 자세가 의식을 부르는 것이 아니라, 배경의식이 몸에 담겨있는 상태이다. 이 수련은 이미 입문이 완료된 수련자들을 위한 방편이므로, 초보자들이 전통으로 전해오는 동작을 따라 하며 시간을 낭비하는 일이 없도록 한다. 입문이 완료된 자도 지속적으로 배경의 영역에 있을 수 없다. 다시 현상의 영역으로 밀려나며, 배경과 현상의 두 지역을 끊임없이 오고 가야 한다. 한 번의 진입으로 계속 머무르는 경우는 거의 없기 때문이다. 그래서 입문자도 지속적인 수련이 필요하고, 사실은 입문 이후 본격적 수련이 시작된다. 입문보다 더 험난한 과정이 기다리고 있기 때문이다. 보호받는 안전한 훈련소가 아니라 실전에 투입되어 생사를 오가야 한다.

인도 전통엔 몇몇 무드라가 전해져온다. 그러나 그것들은 과거 수승殊勝한 요기들의 무드라 상태가 일반인에게 각인되어 전해오는 것일 뿐이다. 의식을 보지 못하는 이들은 껍질만 본다. 무드라는 특성상 하나의 동작을 가리키는 것이 아니기 때문이다. 배경의식이 담긴 모든 행위가 무드라이다. 배경의식이 담겼을 경우, 그가 노래를 하지만 그의 안엔 그가 없다. 그가 음식을 먹고, 말을 하고, 포옹을 하지만 그의 안엔 그가 없다. 이것이 배경이 담긴 상태이다. 어느 누군가에겐 모든 삶의 행위가 무드라일 수 있다. 무드라로 자신의 삶을 채우는 것이 입문자들의 과제이기도 하다.

---

78. Sitting on a soft seat one should hold one's hand and feet without any support. By maintaining this position the individual mind will reach a state of supreme fullness of consciousness.

아무런 지지 없이 편안한 자리에 앉아 손발을 내려놓고 명상하면, 마음이 충만의 의식에 도달하네.

경구의 지시는 특정 자세가 아니므로, 단지 엉덩이로만 편안히 앉아 손발을 자연스럽게 내려놓는다. 무드라 수련에서 언급했듯, 명상에 특정 자세가 중요하진 않다. 전통적으로 언급하는 자세들은 그것이 다소 긴 시간 의식을 모아두기에 효율적이라는 이유뿐이다. 명상은 근본적으로 의식의 작업이며, 신체적 상태는 이를 돕는다. 몸을 단련하는 수련들은 몸이 바로 의식의 집합체이기에 이들에 대한 직접적 소통을 시도하는 작업이다. 소외되는 신체적 부위가 있음은 소외되는 의식들이 있다는 뜻이다. 명상수련자들이 여러 전통을 전전하며 몸의 자세에 대한 불필요한 지식에 붙잡히는 경우가 있다. 몸과 마음은 물질이고 현상의 영역이며 이원성의 차원에 있다. 반면, 배경의식은 그들의 바탕이 되는 차원이다. 무대 위에 배우가 올라가지, 배우가 무대를 이고 있을 수는 없다.

───────

79. Sitting on a soft seat one should place the arms in a curved position, and fixing the mind on the void under the armpits, it will merge in that (void) and attain peace.

편안한 자리에 앉아 팔을 굽힌 자세를 취하고, 겨드랑이 아래의 빈 공간에 마음을 고정해야 하네, 마음이 그 공간에 녹아들고 평화를 얻네.

명상에서 빈 공간이 많이 등장하는데 그만큼 중요한 요소이기 때문이다. 일상의 삶이란 끊임없는 형상과 이미지와 생각의 연속이다. 수련은 우선적으로 이런 의식의 번잡함을 내려놓은 지점을 찾아간다. 그곳에서 의식은 숨을 고르며 비로소 휴식을 취한다. 그리고 자신의 모습을 되돌아본다. 자신이 왜 그렇게 혼란스러워야 하는지 자문해 본다. 딱히 이유도 분명하지 않다. 그렇다면 과연 다른 국면은 불가능한 것일까? 꼭 그럴 것 같지는 않다. 이렇게 쉴 수 있는 공간이 있는 것을 보면. 빈 공간은 의식에게 본연의 모습에 대한 실마리를 주고, 실제적으로 그 지점은 의식이 온전히 쉴 수 있는 배경과 가깝다.

---

80. Fixing one's gaze without blinking on an external (beautiful) form, and making the mind supportless in a short time, one will attain Śiva.

눈의 깜박임 없이 외부 형상에 눈을 고정하고 짧은 시간 동안 아무런 생각을 않는다면, 쉬바를 얻을 것이네.

입문한 수련자를 위한 방편이다. 이 수련의 특징은 눈을 깜박이지 않을 만큼의 짧은 순간에 이루어진다. 초심자에게 해당하는 내용이 아니다. 입문자들은 지속적인 수련으로 삶에서 배경이 점유하는 시간을 늘려간다. 입문 이후 배경에서 튕겨져 나온 뒤, 무작위의 상황에서 진입하다 어느 시점, 들고남의 자유를 얻는다. 그래도 그 지점을 놓치는 상황이 발생한다. 이런 상황에 수련자가 자신이 놓치고 있음을 자각한 순간, 바로 배경으로 들어가야 하는데, 이 수련은 그것을 가리키고 있다. 여기에 특별한 기술은 아무것도 없다. 그저 바라봄의 눈을 다시 뜨는 것뿐이다.

81. Keeping the tongue in the center of the wide open mouth one should fix the mind there. Uttering the letter h mentally, one will be dissolved in peace.

넓게 만들어진 입의 중앙에 혀를 위치시키며 마음을 그곳에 고정하네. 마음으로 H 음을 내면, 평화 속으로 녹아들 것이네.

입문에 드는 수련자들은 개인적 특수성 외에도 다양한 문화와 다른 시대라는 조건을 가진다. 그들은 모두 다른 경로를 통해 배경에 들고, 그 수련과정 또한 각기 다르다. 입문 이후의 수련형태도 다양할 수밖에 없는데, 자신이 배경에 들던 그 상황이나 개인적 습관에 따라 자신들의 독특한 배경에 드는 암호를 가지고 있다. 일종의 상징화된 신호 혹은 표식이다. 입문은 말 그대로 시작을 의미한다. 수련은 배경에 한두 번 들었다고 끝나는 과정이 아니다. 명상은 배경으로의 도피가 아니라, 현상의 차원에 배경의 차원을 흘려 들여, 배경의 바다에 현상을 띄우는 작업이다. 그리고 그 작업은 상상이 아닌 실제로 구현하는 노동이다.

82. Either sitting on a seat or lying on a bed one should meditate on the body as being supportless. When the mind becomes empty and supportless, within a moment one is liberated from mental dispositions.

자리에 앉거나 침대에 누워 공중에 떠 있는 듯한 몸을 명상하네. 마음이 비어있게 될 때, 일순간 정신적 경향성들에서 자유로워지네.

몸은 의식들의 덩어리이다. 분열되고 조율되지 않은 의식들의 각축장이다. 그런 심란한 몸을 편안히 누인다. 불필요한 소음도 제거하지만 매 순간 마시고 있는 공기도 중요하다. 눈을 감고 몸이 가볍게 떠 있는 듯한 착각이 들 정도로 힘을 푼다. 애써 생각을 지우려 노력하지 않는다. 그런 노력이 더 많은 생각을 불러들인다. 그저 몸을 바라본다. 깃털 같은 그 몸을 바라본다. 언제 자신의 몸을 이렇게 바라본 적이 있었는가? 언제 이처럼 조용하고 다정한 눈길을 준 적이 있었는가? 몸을 나누어진 부분이 아닌, 하나의 전체로 바라본다. 이 바라봄이 선명해지면, 바라봄에 살짝 힘을 빼고 몸이 속삭이는 소리에 귀를 기울인다. 그들의 소리 없는 속삭임을 들어준다. 입이 없는 입을 통해 나온, 소리 없는 속삭임이, 귀가 없는 귀에 들린다. 몸이 마음이며, 마음이 바라봄이며, 바라봄이 곧 들음이다. 모든 것이 그저 하나로 어우러져 있다. 안도 밖도 없으며, 자신도 세상도 이미 없다. 경향성 밖의 영역을 탐험하는 것이 명상수련이다.

---

83. Whether one is seated on a moving vehicle or whether one moves one's body slowly, one attains a peaceful mental state. Then, O Goddess, one realizes the divine flood (of consciousness).

움직이는 차량에 앉아있거나 몸을 천천히 움직이면 마음이 평온한 상태를 얻으니. 여신이여, 충만을 깨닫네.

몸의 움직임을 통해 배경으로 가는 수련이다. 많은 유효한 명상법들이 이 경구와 관련 있고, 최소한 상당수는 직접적인 연관성이 있는 듯하다. 춤을 이용한 모든 형태의 명상이 그러하고, 특히 수피즘Sufism과 박띠Bhakti 전통의 많은 수련들은 이 경구의 원리와 동일하다. 우선 이 수련은 일정한 리듬을 가진 지나치지 않은 몸의 움직임을 필요로 한다. 차량 안에서의 가벼운 진동, 스스로 만드는 몸의 가벼운 흔들림, 아니면 말을 타고 가볍게 걸을 때 오는 율동감 등 어떤 종류의 것이든 가능하다. 편안한 상황에서 그 흔들림을 바라본다. 몸을 자극하여 바라보는 것은 의식의 집단을 직접 대면하는 일이다.

흔들림이 세포의식들을 재조율한다. 그 리듬을 통해 의식을 이완하고 평정을 유도한다. 주의할 것은 의식이 그 흔들림에 직접 타고 있어서는 안 되는데, 의식이 그 진동과 함께 멀리 흩어져갈 것이기 때문이다. 바라봄은 흔들림의 중앙에 있어야 한다. 이쪽도 저쪽도 아닌 흔들림이 상쇄되는 그 지점이다. 흔들림에 젖어있으나 그곳에서 떨어져 있다. 이제 떨리지 않는 떨림을 타고 떨림의 깊은 곳으로 따라 들어간다. 그리고 떨림이 없는 평지를 만난다. 이곳은 경계이다. 흔들리지 않는 바라봄은 배경을 열어젖히고, 입문이 이루어진다.

---

84. Looking at the clear sky one should fix one's gaze without blinking and make one's body motionless. In that very instant, O Goddess, one attains the Divine (Bhairava) nature.

맑은 하늘을 응시하며 눈을 깜빡이지 않고 몸을 움직이지도 않네. 바로 그 순간, 여신이여, 신의 본성을 얻네.

우리에게 하늘은 시작도 끝도 없는 무한의 공간이다. 그래서 그런 하늘이 이용되고 있다. 인간이 가진 이미지 중 맑은 하늘이 배경에 가장 가깝다. 요즘엔 무한한 우주의 어둠일지도 모르겠다. 꿈쩍도 않고 하늘을 응시하라는 것은 세상 모든 것을 잠시 중단하고 그 배경의 차원에 온전히 뛰어들라는 뜻이다. 찰나에 그럴 수 있는 자, 그는 바로 하늘을 찢고 배경으로 들어간다.

━━━━

85. One should contemplate the entire sky which is the nature of Bhairava as if it is pervading one's head. Then (one experience) everything as the form of Bhairava and one enters into the glory of His nature.

바이라와의 본성인 하늘이 머리에 온통 퍼져있는 것처럼 명상하면, 모든 것을 바이라와의 형태로 경험하고, 그 본성의 영광 속으로 들어가네.

인간은 늘 하늘을 머리에 이고 생활한다. 이 수련은 그 머리에 인 하늘을 한 뼘만 살짝 내려놓기를 요구한다. 이것이 어려운 일인가? 그러나 인간은 결코 그렇게 하지 않는다. 하늘과 자신 사이에 항상 뇌로 대변되는 마음을 모시고 살아간다. 이제 그 마음을, 뇌를 잠시 치우고 그 자리에 하늘을 당겨놓는다. 하늘이라는 큰 모자를 눌러 쓴다. 이 수련은 일상생활에서 이루어진다. 뇌의 눈으로, 마음의 눈으로 세상을 보지 않고, 하늘의 눈으로 세상을 바라본다. 하늘은 편을 가르지 않고, 좋고 나쁨을 판단하지 않는다. 하늘은 그저 품어주고, 그저 바라본다. 하늘의 모자를 쓴 이여, 그대도 그저 세상을 품어주고 바라봐 줄 수는 없는가? 그럴 수 있다면, 그대는 배경의 눈을 가지게 될 것이다.

---

86. When one realizes the nature of Bhairava in the states of wakefulness and others, i.e. knowing a little of that which brings about a sense of duality (i.e. wakefulness), external light (dream) and darkness (deep sleep), then one is filled with infinite splendor.

깨어있는 상태와 꿈이나 깊은 잠에서 바이라와의 본성을 깨달으면, 무한한 광채로 가득할 것이네.

깨어있거나 꿈의 상태에선 이원성에 바탕을 둔 이미지가 인식의 주된 수단이다. 꿈은 일상을 비롯한 여러 차원에서 스며든 정보가 일상에서 사용되는 이미지를 통해 인간의 의식에 인식되는 현상이다. 깨어있는 세상과 꿈에 펼쳐지는 세상은 이원성에 바탕을 둔 이미지를 통해 각기 그 차원의 일면이 드러난다는 점에서 그들은 동일하다. 물론 인간은 이원적 이미지 외에도 다른 매개를 통해 각각의 세상을 인지하지만, 우리는 그러한 매개 수단에 아직 익숙하지 않다. 깊은 잠은 이원성의 표현이 잠들어 있다는 것이지, 인간의 인지작용이 잠든 것은 아니다. 인간은 각각의 상태에서 다른 수단을 통해 세상을 감지하고 있다. 우리가 이해하는 공통의 수단은 눈 없는 눈을 통해 이루어지는 바라봄이다.

87. In the same way on a dark night, at the beginning of the dark fortnight, while meditating on the darkness, one attains the nature of Bhairava.

같은 방식으로, 어두운 그믐밤에 암흑에 대해 명상할 동안 바이라와의 본성을 얻네.

끝없이 펼쳐진 광대한 하늘이 배경으로 이끌듯, 칠흑 같은 어둠 또한 우리를 배경으로 이끈다. 인간은 일반적으로 어두움에 대한 두려움을 가지고 있다. 아마 인류사적 과정에 있었던 경험이 그 원인일지도 모른다. 그러나 이런 유전적 요소를 벗겨낼 수 있다면 어둠은 우리에게 전혀 다른 경험을 제공한다. 깊은 어두움엔 더없이 부드럽고 포근한 받아들임이 있다. 그것은 총체적 허용이다.

경구는 같은 방식으로 시작하라는데, 그것은 일상과 꿈과 잠에 대한 접근과 같은 바라봄이다. 어두움이 온 세상을 뒤덮을 즈음, 비 오는 그믐이면 더 좋을 것이며, 바라봄이 암흑을 마주한다. 암흑은 모든 것을 빨아들인다. 이제 아무런 미련 없이 그 속으로 추락해 들어간다. 어딘가에 부딪힐지 모르는 두려움도, 뒤에 남은 희미한 미련의 흩날림도 하나 둘 던져버린다. 오직 어두움의 그 부드러운 손길과 포근한 가슴만이 홀로된 바라봄을 받아준다. 바라봄은 어두움이 되고, 어두움은 자신을 깊이 깊이 삼키고 있다.

88. In the same way, by first closing one's eyes and meditating on the darkness in front, and then opening the eyes and contemplating the (dark) form of Bhairava, one becomes one with that (state of Bhairava).

같은 방식으로, 눈을 감고 앞에 직면한 어둠을 명상하라. 그리고 눈을 뜨며 바이라와의 어둠을 명상하면 그것과 하나되네.

바라봄이 유일한 도구이다. 눈을 감고 어둠을 마주한다. 수련자가 자신을 어둠에 위치시킬 때 가능하면 자연 속에서의 어둠이 더욱 도움이 된다. 빛이 물러나 있는 깊은 바닷속도 좋은 장소이다. 어둠은 시신경의 작용에 의해서만 감지되는 것이 아니다. 우리의 모든 피부와 내부의 모든 세포들이 어둠을 감지한다. 그래서 자연스러운 어둠이 모든 세포의 식에 스며들도록 하는 것이 좋다. 차선책으론 눈을 감는 간편한 방법이 있다.

눈을 감은 바라봄이 어둠과 다르지 않을 때, 눈을 뜨고 빛의 세계에서도 그 빛에 스며있는 어둠을 바라본다. 어둠의 그 부드러움과 포근함을, 그리고 총체적 허용을 본다. 빛과 어둠이 다르지 않음을 바라본다. 그들의 본성은 배경이다.

---

89. If any organ is obstructed (in its function) by striking (an external object) or if one causes an obstruction oneself, one enters in the non-dual state of void, and there itself the Self shines forth.

몸의 어느 기관이 외부 충격에 의해서, 혹은 스스로 장애를 일으키면 그곳의 공空에 들어가네, 거기에 그것(Bhairava)이 빛나네.

몸의 통증을 바라보는 수련이다. 몸에 장애가 발생하면 그곳을 바라본다. 몸은 의식의 집단체이며, 통증이 있는 부위에도 많은 의식들이 모여 있다. 원인이야 어떠하든 그들은 지금 어려움에 처해 있고, 관심과 도움을 필요로 한다. 몸도 사회조직과 같은 원리를 가진다. 그래서 그 부위를 따스한 온기로 바라본다. 그들이 소외되어 있지 않음을 알리며, 그들의 문제 해결에 힘을 더하기 위해서이다. 몸의 사건을 바라보는 것이 사고의 원인을 추적하여 책임자를 문책하거나, 현실을 도외시한 채 막연히 좋아질 것이라는 자기최면의 상상이 되어서는 안 된다. 이 수련의 바라봄은 사건을 추궁하는 경찰이 아니며, 장밋빛 부도수표를 발행하는 정치인도 아니다.

바라봄은 문제가 있는 부위의 비어있는 영역을 찾아낸다. 사고의 발생으로 그 부위의 의식들은 충격과 혼란에 휩싸여 있다. 바라봄이 그들을 도와주는 방법은 의식들이 안정을 되찾아 스스로 치유하는 시스템을 정상적으로 가동하도록 유도하는 일이다. 인간의 몸은 자신의 항상성을 유지하는 기능을 이미 가지고 있다. 바라봄이 그 의식들의 빈 영역에 초점을 맞추어줌으로써 의식들에 안정을 가져오는데, 그 비어있는 영역이 의식의 모체와 가깝기 때문이다. 의식들은 어머니의 품에서 평정과 힘을 얻는다. 장애가 발생한 몸의 부위에 바라봄이 도움을 주는 실질적인 방법이 이것이다.

　이것은 바라봄이 배경을 찾아가는 수단이기도 하다. 몸의 통증은 성적 자극이나 분노만큼이나 인간의 의식을 모아들이는 힘이 있다. 수련은 이 점을 잘 이용하고 있다. 의식을 통증의 지점으로 집중시킨 뒤, 감각이 아니라 그 아픔이 요동치고 있는 공간을 바라본다. 물론 이 공간이 물리적 공간은 아니다. 세상 모든 사건이 그러하듯 통증이나 증상이 존재하기 위해선 그것을 허용하고 수용하는 공간을 필요로 한다. 바라봄이 깊어지면 그 공간이 보이며, 바라봄은 아픔의 증상이 아닌, 바로 여기에 관심이 있다. 신체적 장애에 구체적 통증이 없는 경우에도 이 수련은 동일하게 적용된다. 바라봄의 최종 지점이 통증이 아닌, 더 깊은 차원의 지점이기 때문이다. 이제 바라봄은 의식의 모체를 찾아가고 있다. 비어있는 그 영역의 저 깊은 곳에 어머니 배경이 기다리고 있다. 바라봄은 경계에 다다르고 배경의 품에 안긴다.

90. If one recites the great 'a' sound without bindu
or visarga, then, O Goddess, the Supreme Lord, who
is a torrent of wisdom, arises at once.

위사르가(Visarga: 비음鼻音)[108] 없이 'a'를 읊조리면, 여신이
여! 지혜의 물결이 즉시로 솟구치네.

발성하는 소리에 깨어있는 수련이다. 인도 진언의 전통에서
'A' 음은 깨어있는 의식을 상징하므로 그 전통에 익숙한 이들
에게 더 적합한 수련이다. 보통 'A'를 발성하면 약간의 비음이
따라 나오거나 장음이 되는데, 이 수련에선 그 비음을 내지 않
고 'A'를 발음하라고 한다. 비음이나 장음을 배제하려면 의식
적으로 주의를 기울이거나, 놀람의 상황에서만 가능하다. 우리
는 새로운 무엇을 보거나 충격의 상황에서 외마디 짧은 'A' 음
을 내뱉는데, 이 현상은 문화에 관계없이 모든 사람에게 동일
한 듯하다. 이것은 의식이 자발적으로 내뱉는 것이며, 그 안에
는 깨어 바라보는 의식이 있다. 이 수련은 그 상황을 의도적으
로 만드는 것이며, 명상 입문자들에게 해당하는 수련이다. 개

---

108 Sanskrit어 끝에 발음되는 소리이며, ' : '로 표기되며 창조와 방사放
射의 힘을 표현하므로 Śiva와 Śakti의 상징으로 사용하기도 한다. 이
경구에선 mantra에 붙는 'aṃ' 혹은 'aḥ'의 비음을 가리킨다.

별 수련자는 이것을 배경으로 가는 하나의 통로로 이용할 수 있다.

------

91. Fix your awareness with a mind free of any support at the end of the visarga and you will be in contact with the eternal Brahman.

어떤 연루됨이 없는 마음으로 위사르가의 끝에 집중하면 영원한 브라흐만을 만날 것이네.

위사르가Visarga는 산스크리트어 단어나 문장의 끝에 붙는 철자 혹은 방점이다. 구조적으로 이것은 단어를 받쳐주는 역할을 하기에, 이것의 끝엔 아무것도 있을 수 없다. 경구는 이곳에 명상하라고 한다. 문장이 끝나고, 마치는 방점이 찍힌, 그 뒤의 영역을 가리킨다. 이곳은 철학적 사상이나 현상을 묘사하는 개념이 끝나버린, 이원성의 이미지가 존재할 수 없는 차원이다. 이런 곳을 어떤 것에도 연루되지 않은 바라봄으로 집중한다. 이 경구는 명상이 무엇이냐는 질문에 적절한 답이 된다. 생각이 끝나는 지점에 명상이 있다. 문장이 끝남을 알리는 방점 저 너머에 명상이 있다.

92. One should meditate on one's own body in the form of the vast sky, unlimited in all directions, then the Power of Consciousness is free from any support and reveals her own nature.

몸이 거대한 하늘이며, 모든 방향으로 무한히 뻗어있음에 명상하면, 의식은 연루됨 없이 자기 본성을 드러내네.

몸을 거대한 하늘로 상상하는 것이 아니다. 상상은 선택한 이원적 이미지를 계속 붙들고 있는 상태이다. 상상은 결코 명상이 될 수 없다. 거대한 하늘의 이미지를 도입하는 것은 몸에 드리웠던 모든 장벽을 걷어내라는 의미이다. 이 미세한 차이를 놓치면 수련은 작용을 멈춘다. 하늘의 특성은 제한을 두지 않음이다. 마음에 장착되어 있는 모든 판단의 기준을 무너뜨린다. 기준이 없으면 생각이나 개념이 서 있을 수 없다. 그들은 항상 이원성의 기준에 기대어 있기 때문이다. 마음이 몸을 해방시켜야 한다. 정확히는 몸의 의식들을 해방한다.

그동안 무수한 통제를 받던 몸의 의식들은 하늘에 떠 있는 구름마냥 무엇으로도 변할 수 있으며 어디로든 갈 수 있다. 교육과 관습에 의한 '금지령'이 해제되었다. 바라봄은 그 광대한 비어있음을 만끽한다. 단지 장벽을 걷어내고 바라보는 것이 행해야 할 전부이다. 그 다음엔 거대한 하늘이 모든 것을 알아서 한다. 그 숨 막히는 압도에 모든 것을 맡겨라. 자신에 대한 비난도, 칭찬도 곧 흩어져버릴 한 조각 구름이다. 아무것도 서 있지 않으며, 아무것도 멈추어 있지 않다. 그 해방된 비어있음이 배경으로 인도한다.

———

93. If one pierces any limb or part of the body with a sharp needle or any other instrument, then by concentrating on that very point, one attains the pure state of Bhairava.

날카로운 바늘 같은 것으로 몸의 어떤 부위를 찌르며 그곳에 집중하면, 바이라와의 순수한 상태를 얻네.

바늘로 몸의 한 곳을 막 찌르려 한다. 극도의 긴장으로 수많은 의식들이 모여든다. 의식의 집중이 자연스럽게 조성되었다. 천천히 바늘이 피부에 닿으며 그 속을 파고든다. 바라봄이 정밀하다면 바늘이 들어간 곳에 무엇이 발생하지만 정확히 그것이 무엇인지 알 수 없다. 그리고 아주 짧은 간격이 있은 뒤, 뇌의 어느 부위에서 고통이 번쩍인다. 바늘은 피부를 뚫고 있지만 아픔을 인지하는 곳은 뇌에서 이루어진다. 뇌나 뇌로 연결되는 신경을 차단시키면 표면의식에 통증은 감지되지 않는다. 그렇다고 바늘에 찔린 부위가 고통을 느끼지 않는 것은 아니다. 몸의 각 부분을 구성하는 세포의식들은 뇌의 장비를 빌리지 않고도 자신들의 방식으로 외부 환경에 대한 자극을 감지하고, 자기 고유의 반응을 보이며 그 내용을 저장한다. 마취를 하고 수술을 하지만, 수술 부위의 세포들은 그 사건을 온전히 기억하고 있다. 그들은 멍청한 것이 아니며, 뇌와는 다른 독립된 시스템을 따로 가지고 있다.

바늘로 찌르면 고통은 과연 어느 곳에 일어나는가? 두 곳인가, 아니면 두 곳 어디도 아닌가? 바라봄은 두 곳에서 오는 신호를 감지하며 그 고통의 근원을 찾아간다. 아픔은 저 건너에서 오고 있다. 그 아픔을 따라 바라봄이 끝없이 들어간다. 그 깊은 곳에서 바라봄은 아픔을 놓친다. 아픔은 겹겹이 쌓인 어느 차원의 그 어딘가에 여전히 있을 것이다. 그러나 바라봄의 앞엔 아픔이 없다. 바라봄은 현상의 세계를 뒤로 밀어낸 경계 지역에 왔다. 그리고 바라봄은 배경에 들어간다. 바늘이 경계의 장막을 뚫은 것인가 보다.

94. One should imagine that there is no internal organ within me consisting of mind (intellect and ego-sense). Then owing to the absence of thoughts one will be freed from all thoughts.

마음(지성과 자의식)을 구성하는 내적 기관이 없다고 여기면, 그 없음으로 인해 모든 생각에서 자유로울 것이네.

마음은 국가에 비유될 수 있다. 우리는 사회생활을 통해 국가를 하나의 실체로 굳게 믿고 있지만, 국가가 행하는 권력의 힘이 미치는 그 표면을 넘어 들어가면 국가의 실체를 찾기가 힘들어진다. 정부라는 것은 몇 년마다 바뀌어 때로는 칼날 같은 대립의 양상을 보이고, 법이라는 것도 수시로 바꾸며 일반인은 자기 생활과 관련 없는 부분은 전혀 모르고, 국민을 대변한다는 국회는 물론이고 그 국민들 자체가 지속적으로 교체되고 있다. 하나의 고정된 이름을 붙여 부르고 있을 뿐이지, 국가는 끊임없이 발생하는 사건을 다루는 종합 시스템의 현상이다. 엄밀히 그곳에 변하지 않는 주체나 주인은 존재하지 않는다. 흔히 국가의 주인을 국민이라 하지만, 이것은 심각한 불확실성을 담은 개별 정보(혹은 주장)들의 무작위적 연합이 국가라는 것을 자인하는 말이다. 국가는 개별 불확실성들의 변덕으로 언제든 다른 것으로 교체될 수 있다.

마음도 동일하다. 선불교의 유명한 일화처럼, 어디에 심心을 점(占: 자리 할)할 수 있는가? 마음이란 입력된 정보를 다루는 기능의 현상일 뿐이다. 굳이 어느 시점에 정보를 꺼내어 뒤적이지 않는다면, 마음이 있을 이유가 없으며 그 지점엔 마음이 없다. 인간의 삶이란 형광등 불이 들어오고 나가고를 반복하지만 늘 들어와 있는 것으로 착각하는 감각처럼, 마음이라는 불이 들어오고 나가고를 반복하는 착시 현상의 연속이다. 일상에서 우리의 마음은 항상 켜져 있는 것으로 여기지만, 실제로는 무수한 빈자리를 가진 파편이다. 이 수련은 마음의 불이 꺼진 그 자리를 확보하는 방법이다. 마음이 인간의 주인도 아니며, 한순간도 없으면 큰일이 날 것 같은 생명줄도 아니라는 사실을 알아가는 훈련이다.

짧은 순간이나마 생각을 잠시 내려놓는다. 이것 자체가 많은 이들에게는 굉장히 어려운 일일 수 있다. 바라봄의 힘이 굳건해 있지 않으면 접근하기 쉽지 않다. 특히 끊임없는 새로운 자극에 둘러싸여 있는 현대인들에게 더 어려운 길이다. 삶이 단조로웠던 먼 과거나 사막이나 툰드라 같은 황량한 지역 사람들에게나 적합한 방법이다. 그래도 바라봄은 생각의 틈을 비집고 들어가 본다. 그 틈을 다음 생각이 다시 메우겠지만, 그러면 어떠랴. 딱히 할 일도 없는데. 생각도 앞이 있으면 뒤가 있을 터이니 그 뒤에 오는 빈틈을 다시 바라본다. 공을 주고받으며 단지 빈 지점을 계속 점占한다. 헤아리지 못하는 시간이 지나면 바라봄 혼자 빈자리에서 놀고 있다. 초조해하면 이 놀이에서 진다. 버티는 자가, 모든 것을 먼저 내려놓는 자가 빈자리를 차지한다. 아니면 이 수련에서 자리를 걷고 다른 수련으로 옮겨가야 한다. 수련은 무수하니, 더 적절한 방법이 있다.

———

95. "Māyā is deluding, the function of kalā[109] (and other kañcukas[110]) is fragmentation" – considering the properties of each category in this way, one is (not) separated.

"마야(Māyā)는 속이고, 깔라(kalā)를 비롯한 다른 것의 기능은 나누는 것이네" – 이들의 특성을 숙고하면 이들과 분리되고, 그는 분열되지 않네.

———

109 Kalā는 분열과 파괴의 힘을 상징하고, Śiva가 가진 능력이자 그의 별명이다. 5가지 kañcuka 중의 하나로 분류되는데, 시간을 의미하는 Kāla와 혼동할 수 있다.

110 의식을 묶어두고 가리는 5가지 장막으로 vidyā(제한된 지식), kalā(파괴의 힘), rāga(집착), kāla(제약을 가하는 것으로서의 시간), 그리고 niyati(한계 지어진 자유)로 구성된다.

세상은 온통 이름으로 덮여있다. 우리는 세상의 원리와 성질을 보지 않고 그 이름을 본다. 세상은 고정된 무엇이 아닌, 시시각각 변하는 특성의 연속이다. 그러나 이름은 고정되어 있다. 마음은 변화하는 특성을 붙들어 명찰이 달린 상자에 담고 입구를 봉한다. 이렇게 마음은 세상을 분류하고 나누어 이름 안에 가두었다. 마음은 세상이 창고에 가지런히 정리되어 얌전히 있지 않으면 불편해한다. 마음은 실재를 가려둔 채 물품 목록에 만족한다. 마음은 스스로를 속인다. 이 수련은 세상에 대한 이러한 기만과 이름표들에서 물러나는 탈출이다. 이름표들도 나름의 기능이 있으니, 자신들의 길을 가도록 허용하고 놓아주면 된다. 바라봄은 그들과 분리되어 이름 이면에 있는 변화의 속성을 포착한다. 세상은 원리의 지속적인 움직임이다. 이것은 고정되어 있지도 나뉘어 있지도 않은 하나의 흐름이다. 바라봄은 이름표들을 던져버리고 하나인 그 강에 뛰어든다.

---

96. If one observes a desire as it arises spontaneously, one should put it to rest immediately. It will merge at that point from whence it has sprung up.

자발적으로 올라오는 욕망이 보이면 즉시 그것을 내려놓네.
그것이 생겨난 바로 그곳에서 녹아 사라지네.

욕망[111]을 허용하라. 세상과 인간을 불순한 것으로 이해하는 모든 종교와 철학은 욕망을 터부시한다. 명상은 종교나 철학이 아니므로 욕망을 받아들이며, 그저 하나의 인간 현상으로 이것을 활용하며 의식의 차원을 넓혀간다. 인간 구성의 한 조건인 욕망을 제거하고자 하는 것은 인간의 자기모순이며, 모든 문명과 이와 연관된 가치를 부정하는 행위이다. 명상에서 가장 큰 장애는 의식의 분열이며, 자기모순을 해소하는 것이 명상의 첫 과제이고, 집중과 바라봄의 강화는 자기모순으로 분열되어 있는 의식의 통합과 조화를 의미한다. 생명 현상 자체가 욕망인데, 이것은 외부 환경에 대한 관심이며 확장행위이다. 명상도, 인간의 자기 성장도 욕망이다. 인류사의 모든 현자들은 욕망의 최고 극단을 달렸다. 그들은 욕망에서 자유로워지기를 욕망했고, 욕망을 통해 욕망을 극복한 듯하다. 그러나 그 극복과 해방이 욕망의 제거를 의미하지는 않았다.

욕망이 보이면 전적으로 허용하고 바라본다. 주의해야 할 점은 그것을 분석해서는 안 된다. '욕망의 뿌리는 좋아하거나 싫어함인데 이것은 동전의 양면이며 또한 집착을 낳지', '저것을 원하는 이유가 무엇이지? 정말 저것을 좋아하나? 아니면 질투

---

111 흔히 부정적인 뜻으로 많이 사용되나, 여기선 모든 종류의 욕구 혹은 바람을 의미한다.

때문인가?' 등의 사고를 잘라버려야 한다. 물론 욕망에 대한 사고와 분석이 필요하다. 그러나 실제 명상수련에 임해서 가장 해서는 안 되는 것이 사고와 분석이다. 당연히 욕망에 대한 합리화나 억압도 허용되지 않는다. 욕망을 그저 느껴라. 슬금 슬금 피어오르는 그 시점부터 지켜보라. 이제 막 피어나는 욕망을 밟아버려 싹을 제거하는 것이 이 수련의 과제가 아니다. '두더지 게임'이 아니다. 욕망이 나오지 않는 점잖은 상태를 연습하는 것이 아니라, 배경에 진입하기 위함이 이 수련의 목적이다. 욕망을 내려놓으라는 경구의 표현이 오해를 일으킬 수도 있으나, 언어적 표현의 한계임을 이해해야 한다.

실제 수련에서 욕망의 초기 싹을 지우면, 그 자리에 다른 생각들이 들어오기에 강한 집중을 유도하기 어려워진다. 욕망이 자리하면 다른 생각들이 여기에 흡수되는데, 욕망은 집중을 위한 매개로 이용된다. 이제 욕망의 시비를 밀쳐두고 욕망의 전체적 기운만을 느낀다. 그러나 욕망의 흐름을 따라 솟구치는 것이 아니라, 그것의 뿌리로 거슬러 내려간다. 욕망이 생겨난 그곳엔 이미 욕망이 없다. 욕망이란 원래 홀연히 이는 바람과 같은 것이기에 지나간 자리에 더 이상 남아있지 않다. 다른 바람이 불기까지 시간이 있다. 덩그러니 남은 그곳은 경계 지역이다. 바라봄 혼자 그곳을 지킨다. 그리고 바라봄은 경계를 넘어 배경으로 들어간다. 입문이 이루어지고 수련의 목적이 달성된다.

---

97. "Who am I when neither my will nor my knowledge has arisen? I am this in reality!" Having become that one should be merged in that and one's mind should be identified with that.

"의지나 지식이 일어나지 않을 때 나는 누구인가? 나는 실재로 이것이다!" 이렇게 되면 그것에 녹아들고, 마음은 그것과 하나되네.

고상한 생각이 나인가? 죽이고 싶은 복수심이 나인가? 쫓기는 불안감이 나인가? 이것은 '나'라고 여기는 어느 차원의 공간에 설치한 스크린에 지나가는 생각이나 감정의 한 조각이다. 이들이 일어나지 않는 비어있는 지점들이 있다. 일상에서 조용히 내면을 들여다볼 여유가 있다면 이런 빈 지점을 보도록 한다. 고요한 바라봄만이 있다. '고요함을 아는 자는 누구인가?'라는 질문이 없는 고요함이다. 이곳에 점차 익숙해진다면 왠지 모를 편안함을 느낄 수 있다. 이곳에선 자신이 '누구인가?'라는 질문도 사라진다. 자신이 어떠한들 무슨 소용이란 말인가? 마음이 없기에 번잡함이 없고 편안하다. 이곳은 의지와 지식과 감정과 수많은 정보들의 처리로 늘 바쁜 마음이 눈길을 주지 않는 머나먼 변방이다. 나를 보아주는 이 아무도 없으니, 나라는 명찰이 거추장스럽다. 현상의 경계지역이다. 바라봄은 그 깊이의 힘으로 경계를 넘어 배경으로 들어간다.

---

98. But once will and knowledge have arisen, one should fix one's mind (on the point where they emerge) with undivided awareness of the Self – then one gains insight into the essence of Reality.

그러나 의지와 지식이 이미 일어났다면, 나뉘지 않은 마음을 그것이 일어나는 지점에 고정하네 – 실재의 본질에 대한 통찰을 얻네.

마음이 일어나면 어떤가? 오랜 세월 이것과 함께해온 우리의 동지가 아닌가? 서슬이 시퍼런 동양의 종교들은 무던히도 마음을 싫어한다. 그럴만한 이유가 있기는 하지만, 그것은 마음이 조금 분수를 넘었기에 일어난 일들이다. 마음을 죽이는 것은 인간 현상을 죽이는 것과 같다. 인간 현상을 죽이기로 했다면 마음을 죽이는 것도 나쁘지 않은 방법이다. 문제는 죽이고자 결심한 마음이 자신을 죽이는 방법을 모르고 그러지도 못한다는 사실이다. 차선의 방법은 마음을 달래어 분수를 알도록 하는 것이다. 그러기 위해선 마음을 잠시 떠나 있어야 한다. 마음이 없어도 인간 현상에 아무런 문제가 없고, 오히려 더욱 충만할 수 있음을 알게 해준다. 이것은 마음을 떠나 배경에 들어가는 일이다. 그리고 그 배경과 함께 돌아오면 마음은 차차 자신의 분수를 알아간다.

———

99. All knowledge is without a cause, without a support and deceptive. In reality this (knowledge) does not belong to anybody. Contemplating in this way, O Dear One, one becomes Śiva.

모든 지식은 원인이 없고, 근거가 없고, 현혹시키네. 실재에 있어 이것은 어디에도 속하지 않네. 이렇게 명상하면, 그대여, 쉬바가 되네.

지식을 무시할 것도, 그렇다고 숭배할 것도 아니다. 지식은 상대적 원리이고 인간에게 유익하다. 비록 그 원인과 근거를 알 수 없으며 인간을 현혹하지만, 인간 현상도 그와 같으므로 인간이 비난할 자격은 없다. 지식은 인간 삶의 한 부분이므로 지식을 경작해야 한다. 그러나 인간은 무한한 지식을 가질 수도, 그럴 필요도 없다. 우리가 지식을 경작해야 하는 것은 지식을 정복하고 소유하기 위함이 아니라, 지식의 한계지점을 획득하여 그것에 휘둘리지 않는 자유를 얻기 위함이다. 매일 고된 노동의 대가로 지식을 바구니에 담을 것이 아니라, 지식을 부리는 관리자의 기술을 익혀야 노예 같은 노동에서 벗어날 수 있다. 지식의 한계를 넘기 위한 지식이 필요하다. 이것은 마음을 내려놓은 경계지역에서 시작된다.

——

100. The One which is characterized as Consciousness is residing in all the bodies; there is no differentiation in anything. Therefore, if a person realizes that everything is full of that (very Consciousness). He conquers the world of becoming.

의식으로 묘사되는 그는 모든 개체들에 거주하네; 어떤 것에도 차이가 없으니, 모든 것이 그 의식으로 충만함을 알게 되면, 변화의 세상을 정복하네.

배경의식은 모든 생명 모든 존재에 거주하며, 세포 하나하나에도 깃들어 있다. 세상은 배경의식이 담긴 개체들의 집합이며, 한 인간 또한 각기 배경의식이 내재된 무수한 개체의 집합이다. 그들은 독립되어 있는 듯 하나이고, 하나인 듯 다른 얼굴을 가지고 있다. 그러나 그들에 깃든 배경의식은 하나이다. 그래서 우리는 수많은 세포들에도 불구하고 한 명의 인간이 될 수 있고, 세상 또한 그 많은 다양성을 지녀도 하나의 유기체이다. 그러나 이런 내용을 생각하고 말로 내뱉는 대부분의 사람들에게조차 이것은 무의미한 단어의 나열일 경우가 많다. 생각이 아닌, 배경의식이 실제로 구현되지 않는다면 하나의 유기체인 세상은 존재하지 않는다. 그저 말일 뿐이다.

내가 찾아 들어간 배경의식과 네가 확보한 배경의식은 동일하다. 배경의식엔 개체성이 없다. '나의 배경의식'을 찾는다는 것은 있을 수 없다. 배경의식은 '나의 것'과 '너의 것'이 존재하지 않기 때문이다. 배경의식은 그저 근원이고 바탕이다. 그래서 변화하지 않으며 시작과 끝이 없다. 모든 변화, 즉 현상이 그 위에서 춤을 출 뿐이다. 그 춤은 아름다울 수 있고, 아름다워야 하며, 아름답다. 현상은 하나의 예술 행위이다. 현상을 부정하고 피하려 애를 쓸 것이 아니라, 아름다운 춤을 추고자 애를 써야 한다. 춤이 있어 존재가 고통스러운 것이 아니라, 아름다운 춤을 추지 못하기에 고통이 있다. 현상이, 세상이 고통스럽고 악으로 가득한 것이 아니라, 고통만을 보는 눈을 가졌기에 현상이 고통스럽다. 현상이 악의 근원이 아니라, 그렇게 보는 의식의 구조에서 고통은 시작한다.

인간은 전혀 다른 2개의 차원으로 구성되어 있다. 하나는 배경으로 표현되는 전적인 '없음'이며, 다른 하나는 현상이라는 전적인 '있음'이다. 전통적인 몇몇 철학은 있음에서 없음으로의 전환이 그들의 지향점이다. 그 이유는 간단하고 명확한데, 어떤 형태의 고통이든 그것이 있음 속에 있기 때문이다. 논리라는 측면에선 잘못된 곳이 없다. 그러나 이들의 지향은 결코 성공할 수 없는데, 인간은 있음이며 동시에 없음이기 때문이다. 논리적 모순을 품은 인간이 논리의 상자에 담길 수는 없다.

철학이 현상의 있음에 불신을 품거나 없음에 눈을 감는다면, 전체성을 만날 일은 일어나지 않는다. 세상을 점점 떠남으로써 자유로워지는 것이 아니라, 세상 속으로 점점 들어옴으로써 자유로워져야 한다. 있음과 없음의 전체성에 충만이 있기 때문이다. 고통이 고통이기도 하지만 동시에 충만이기도 하다. 인간은 온전한 있음이며 온전한 없음이다. 있음의 자로만 재려고 하는 눈이 고통만을 재고 있다. 세상이 '하나다'라는 표현보다는 '둘이 아니다'라는 표현이 더 정확할 수 있는데, 인간은 전혀 다른 실재성의 '둘'을 감지하고 있으며, 그 둘이 '하나'가 아니라 '다르지 않음'을 아는 것이 철학의 종착지이기 때문이다.

세상은 2개의 차원이다. 현상이 있다. 있음의 차원에 있음이 있는 것은 당연하다. 배경은 없음을 관장하고 마음은 있음을 관장한다. 배경을 망각한 이후, 아직 이것을 회복하지 못한 마음은 없음을 모른다. 이 마음은 기껏 변화하는 현상과 현상이 잠시 멈춘 비어있음만을 안다. 배경의 없음은 마음에 발생하는 비어있음도 사라진 없음이다. 명상은 있음에서 없음으로 가는 것이 아니라, 있음에 없음을 불러들이는 것이다. 그럼으로써 마음도 없음을 알게 한다. 마음이 배경을 통해 충만해진다. 충만을 위해선 2개의 차원이 필요하고, 마음이 충만을 알게 되면 변화가, 현상이, 마음이 자유로워진다. 명상은 변화를, 현상을, 마음을 조절하고 통제하는 능력을 가지는 기술이 아니다. 아무리 조절을 해본들 결국 현상이다. 조절함으로써 정복하는 것이 아니라, 허용함으로써 자유로워진다.

――――

101. If one makes one's mind stable in the various states of desire, anger, greed, delusion, intoxication or envy, then the Reality alone will remain (which is underlying them).

욕망, 화, 탐욕, 미혹, 도취, 질투 등의 다양한 상태에 마음을 고정하면, 그 실재 홀로 남으리.

의식을 강하게 끌어들이는 감정들이 있다. 이들은 인류의 출

현 이후 인간의식이 보편적으로 놓이게 되는 의식의 편중 현
상이다. 이것은 전체의 맥락을 놓침으로써 의식이 균형을 잠
시 상실한 상황이다. 생명체는 원하는 것과 싫은 것에 대한 반
응을 보이게 되며, 좋아하는 것에 끌려가고 독점하고 싶어 한
다. 그 원인이 생존과 번식에 대한 유전적 본능이라 거론되지
만, 그 진위 여부를 떠나 모든 인간이 일상에서 함께할 수밖에
없는 현실적 의식의 상태들이다. 이들은 의식이 균형을 잃음
으로써 특정 영역에 힘의 과밀 현상이 발생한 상태이다. 이들
자체가 문제가 아니라, 조절되지 않는 지나친 과밀 현상이 본
인은 물론 주위의 사람들에게 어려움을 안겨준다.

　이 감정들이 해롭기만 한 것이 아닌데, 과밀 현상만 피할 수
있다면 이것은 삶의 활력이 되고, 인간의식이 자신의 모습을
탐구하고 훈련하는 훌륭한 재료가 된다. 정돈, 겸손, 절제, 양
보만 있는 세상은 상당히 지루할지도 모를 일이다. 밤과 낮이,
오고감이 있듯 어느 정도의 흔들림이 있어야 세상이 역동성과
신선함을 가진다. 욕망과 도취와 질투가 없는 사회는 어쩌면
얌전히 죽음을 기다리는 생기를 잃어버린 사형수의 삶과 같을
지도 모른다. 실제로 문명의 일부는 착한 애완동물을 훈련시
키는 작업을 오랫동안 계속해 오고 있다. 물론 어느 곳에서도
그 시도가 성공했다는 소식은 아직 없는 듯하지만.

　감정의 과밀 현상에 대한 합리화는 아니다. 최소한 이것의

부정과 탄압은 이제 그만두어도 되지 않을까? 이들 감정은 인간 유전자가 물려받은 인류의 유산이다. 불편을 주는 유전자를 잘라내기 시작하면 인간의 다양성과 역동성은 서서히 사라지고, 결국 무미건조한 규격에 최적화된 인형만 남을 것이다. 명상은 감정을 탄압하고 잘라내는 과정이 아니다. 힘의 과밀 현상을 통해 의식이 이들 현상의 근원으로 접근하는 기회를 가진다. 일상의 현상을 통해 인간이 자신의 의식을 탐구하고, 그것이 작동하는 원리에 대한 이해를 높이며 조절능력을 갖게 된다. 우리 삶에 과밀 현상이 수시로 나타나겠지만, 이미 배경을 확보한 인간은 과밀로 발생한 감정의 쏠림을 하나의 유희로 바라보는 여유를 가진다. 감정의 쏠림이 일어나 누군가를 가두기 이전에, 그 감정의 힘이 스스로 풀려 나가도록 균형을 잡아준다. 균형의 힘은 배경에서 나온다.

이제 수련에서 모든 감정을 허용하고 부정적으로 대하지 않는다. 부정의 메시지를 던져본들 내면에 모순과 분열만을 쌓는다. 학대받는 애완동물을 내면에 키우고 싶다면 그렇게 하라. 그러나 자신을 존중하고 세상에 당당한 한 송이 들꽃으로 피고 싶다면 자신의 감정이 균형을 잃었음을 솔직히 인정하자. 그리고 이 순간 물러나 있는 바라봄으로 그 감정이 나오는 근원을 찾아 들어가라. 동시에 그 감정에 감사하라. 오늘 또 한 번 배경을 탐색할 기회를 가지게 되었으니 축복이 아닐 수 없다. 그리고 자신에 대한 솔직함과 감사를 뒤로하며 감정의 근원에 닿아라. 그곳은 감정마저 견디지 못해 도망쳐 나오는 황량한 현상의 경계지역이다. 바라봄만이 그 적막함을 마주한다. 그리고 경계를 넘어 배경에 들고, 그 배경이 감정의 세상으로 점점 스며든다.

——

102. If one meditates on the universe as a magic show, or as a painting, or as a moving picture, contemplating on everything in this way, one experiences bliss.

우주를 하나의 마술 쇼로, 그림으로, 영상으로 명상하면, 이 변화의 흐름 속에 축복이 있네.

우리가 인지하는 세상이란 뇌가 재구성한 홀로그래피이다. 인간은 이것을 경험적 실재성이라고 한다. 인간의 경험이 모두 뇌에 포착되고 재현되는 것은 아니므로,[112] 경험은 상당히 제한적일 수밖에 없고 근본적으로 해석된 실재이다. 일부 철

---

112 인간이 가진 아직 미분화된 여러 감각이 다양한 차원의 세계와 닿아 있지만, 뇌는 이를 수용하여 충분히 재현하지 못한다. 이들 차원이 인지는 되지만 경험적 실재성으로 나타나지 못하는 것이다.

학에선 세상을 환영이라고 규정하는데, 주관적 해석을 바탕으로 이루어진 경험적 실재의 홀로그래피적 성격 때문이다. 그러나 그것이 빛의 착시 현상으로 발생하는 그런 환영은 아니다. 빛의 착시나 경험적 실재 이전의 그 무엇이 있다. 그러나 이 무엇이 있는 차원이 인간경험에 전적으로 담기는 일은 없다. 그 비경험적 실재성은 철저히 인간경험과 차단되어 있다. 그런 맥락에서 인간경험이 허구인 것이다. 이것이 인간의 경험적 실재성이 가진 한계이다.

세상은 비경험적 실재성의 다양한 차원들로 구성되어 있다. 이들 차원에 존재하는 많은 현상의 극히 일부가 다시 인간 뇌라는 필터를 통해 재구성되는 것이 인간의 경험적 실재성이다. 그것도 그들 차원의 현상이 그대로 옮겨오는 것이 아닌, 해석의 재현이다. 간단히, 다양한 차원의 현상이 혼재하는 실재성의 영역이 있고, 이와는 단절되어 있으나 이들 현상을 해석한 재구성의 현상이 있는데, 전자를 비경험적 실재성이라 하고, 후자를 경험적 실재성이라 칭한다. 경험의 차원이든 비경험의 차원이든, 현상이란 발현의 지속적인 변화이다.

우주는 그것이 인간의 경험에 들어오든 않든, 발현되어 드러나는 있음이 지속적으로 변화하는 흐름이다. 이 수련은 세상의 흐름을 감지한다. 경구의 원문은 용어 '브흐라마드bhramad'를 사용하고 있는데 '지나가는, 일시적인'이라는 뜻으로, 이것은 현상이 한 지점에서 다음 지점으로 끊임없이 옮겨감을 의미한다. 우리의 일상은 흐르는 강물과 같음을 바라본다. 그 속에 기쁨도, 슬픔도, 고통도 흐른다. 바라봄이 깊어지면 그 흐름들이 점점 더 느려진다. 바라봄이 더 정밀해진다는 뜻이지만, 아무튼 바라봄은 흐름 외에도 흐르지 않는 무엇을 감지하기 시작한다. 모든 현상은 그것의 발현을 허용하는 배경에 놓여 있다. 이제 바라봄은 흐름에서 발을 내려, 흐르지 않는 그곳에 서 있다. 그곳은 배경이고 축복은 여기에서 솟아나고 있다.

——

103. One's mind should neither be engrossed in suffering nor in pleasure. O Bhairavi! You should know the middle state (between both) – then the Reality alone remains.

마음을 고통이나 기쁨에 빼앗겨서는 안 되네. 오 바이라위! 그 둘의 중간 상태를 알아야 하니 – 그러면 실재 홀로 남으리.

세상은 끊임없는 변화이지만 일정한 틀을 가지는데, 그것이 이원성이다. 정확히는 변화하는 현상이 이원성을 가졌다기보다 그것을 인지하는 인간의 판단이 이원성에 의존하고 있다.

흐르는 강물이 아무리 범람하여 물길을 바꾸어도 결국 두 개의 강둑 사이에 있다. 기쁨은 영원한 기쁨이 아니며, 고통 또한 그러하다. 세상은 그 둘 사이를 오고 간다. 고통이 한쪽 강둑에서 반대쪽으로 옮겨가기 시작하면 고통의 특성은 점점 줄어들고, 반대 강둑에 가까워질수록 기쁨이 커져온다. 강을 가로지르는 그 어느 지점에 고통도 기쁨도 아닌 곳이 있다. 일상의 바라봄은 현상에서 두 양극의 특성이 사라지는 지점을 포착한다. 바라봄이 무르익으면 그곳은 양쪽의 강둑만큼이나 선명하게 보인다. 이제 강둑을 잊어도 된다. 강둑을 걱정하지 않아도 강은 유유히 흐르고 바라봄은 흐름의 유람을 즐긴다. 유람을 즐기던 바라봄은 문득 흐르지 않는 무엇을 감지하고, 마침내 배경에 발을 들인다.

104. After leaving the attachment to one's body one should realize: 'I am everything' with firm mind and with undistracted vision, then one attains bliss.

몸에 대한 집착을 놓은 후에 알아야 하네: 확고한 마음과 흐트러짐 없는 예지로 '내가 모든 것이네'라고, 그러면 축복을 얻네.

경구는 짧은 표현이지만, 실제 느낌으론 우리에게 죽음을 요구하는 듯하다. 내가 모든 것이고, 모든 곳에 존재할 수 있는가? 이 요구가 불가능한 것은 '나'를 몸과 마음과 동일시하기 때문이며, 이것은 몸과 마음에 대한 잘못된 인식에서 출발한다. 잘못된 인식의 전환은 결코 마음 안에서는 일어나지 않는데, 마음이 몸을 죽일 수 있을지라도 자신인 마음을 죽이는 일은 없으며, 마음은 몸을 죽이는 순간에도 자신이 자신을 죽인다고 여긴다. 몸과 마음을 '나'와 분리시킬 수 없다. 죽이는 자도 죽는 자도 없을 수 있는데 말이다. 배경은 모든 '개별자'를 허용하지 않는 차원이다. 자신에 대한 인식의 변환은 배경에서만 가능한데, 모든 분별을 내려놓은 의식만이 세상이 하나임을 분명히 인지한다. 몸의 집착을 내려놓고 모든 것이 될 수 있는 조건은 배경에 이르러서야 비로소 갖추어진다. 이 경구는 하나의 수련이라기보다 배경에 진입할 때 일어나는 의식의 전환을 설명한다.

105. "Knowledge, will etc. are not only found within me, they are also present in jars and other objects." Meditating in this way on the omnipresent (Reality), one becomes all-pervading.

"지식, 의지 등은 단지 내 안에서만 발견되는 것이 아니네. 항아리에도 다른 대상들 안에도 존재하네." 이렇게 그 실재를 명상한다면, 모든 것에 내재하게 되네.

지식이나 의지 등이 나의 것인가? 세상의 모든 현상은 누구의 것이 아니다. 누구라는 존재가 있어 그가 지식을 가지고 있고 의지를 발휘하는 것이 아니다. 지식이나 의지는 차원의 여러 곳을 떠돌다, 그것을 표출해줄 누구라는 현상에 잠시 내려앉았을 뿐이다. 나의 의지는 사실 없으며, 그저 의지가 있다. 지식의 주인은 따로 없으며, 경향성에 의해 현상의 한 좌표에 그저 발현하고 있다. 어제 있었던 나의 의지는 어디로 갔는가? 그것은 어제 잠시 나라는 표현의 출구를 통해 세상에 나와서는, 알지 못하는 그 어느 곳으로 사라졌다. 오늘 그 의지가 나의 것으로 있는가? 내가 무엇을 소유하고 있는 것이 아니라, 무엇이 나라는 출구를 통해 현상으로 튀어나왔다. 나는 주인이 아니라, 그저 드러남의 창구이다. 나를 통해 얼굴을 내밀었던 지식과 의지는 다음 순간, 다른 누구에게서 삐죽 모습을 내민다.

세상엔 나의 지식, 너의 의지가 존재하는 것이 아니라, 지식과 의지가 있다. 필요하면 누구라는 이름표를 잠시 달고 있을 뿐이다. 화를 내고 있는 누군가를 가만히 지켜보라. 화가 그의 것인가? 아니다. 화가 지금 그에게서 나타나고 있다. 열띤 강연을 하고 있는 이를 지켜보라. 그 지식이 그의 것인가? 지식이 지금 그의 입을 통해 나오고 있을 뿐이다. 이런 방식으로 모든 사람의 말과 행동을 관찰하라. 그러면 모든 것은 모두의 것임을 알게 되고, 모든 것이 하나가 되는 배경에 이르게 된다. 모든 것에 내재하는 곳은 배경이다.

---

106. The perception of the object and subject is common to all embodied beings. But characteristic of yogis is that they are constantly aware of this relationship.

객관과 주관의 인식은 모든 존재에 공통이지만, 요기는 이 관계를 깨어 알고 있네.

요기의 특성은 2개의 차원을 동시에 가진다는 사실이다. 그것은 배경과 현상의 차원이다. 객관과 주관은 현상의 성질이며, 배경은 단지 이것을 자유로이 허용할 뿐 이원성에 젖어있지 않다. 현상에 갇혀 있는 상황에선 객관과 주관을 벗어날 길이 없으나, 배경에 한 발을 담그고 있는 요기는 객관과 주관을 보고 있지만 이것에서 물러나 있다. 요기는 현상을 떠나 있는 것이 아니라, 현상에서 물러나 있는 배경을 확보함으로써 자유를 누린다. 이 자유는 오직 물러남을 통해 얻어졌다. 요기도 객관과 주관의 놀이를 하지만, 그 놀이가 벌어지는 놀이판인 배경을 먼저 보고 있다.

----

107. One should experience the consciousness also in the body of others as in one's own. Giving up the concern for one's own body, one becomes all-pervading within days.

자신은 물론 다른 사람에서도 그 의식을 경험하네. 자기를 향한 배려를 포기함으로써 곧 모든 것에 내재하게 되네.

배경의식은 누구에게나, 그리고 모든 것의 바탕이다. 입문을 통해 배경의 진실을 알게 되면 삶이, 그리고 세상이 전과 같을 수 없다. 입문자는 아직 수시로 배경을 놓치지만 모든 것에 깃들어 있는 근원을 알고 있다. 그는 '자기'라는 것이 얼마나 황당한 것인지 이제야 알기에, 이전에 알던 자기를 향하던 배려를 조금씩 내려놓기 시작한다. 그는 '하나'가 무엇인지를 이제 조금 알고 있다. 그의 과제는 배경의 나고 듦에 대한 자유로움이고, 자신이 점점 확장되어 모든 것으로 스며들어 녹아나는 사라짐이다. 이것이 진정한 의미의 죽음이다. 죽음은 전체와 하나됨이다. 그러기에 죽음은 축복이다.

108. Freeing the mind of all support one should not allow any thought (to arise). Then O gazelle-eyed Goddess, the state of Bhairava will be attained when the (individual) self has merged in the absolute Self.

의지하는 마음을 자유롭게 하며, 어떤 생각도 허용하지 않네. 부드러운 눈의 여신이여, 개체가 전체에 녹아들 때 바이라와가 얻어지네.

마음은 이원성에 기대어 서 있다. 기쁨이 슬픔 없이 존재할 수 있었는가? 하늘은 땅이 있으므로 비로소 존재하게 되었다. 마음은 항상 무엇에 기대어 있다. 기대지 않고 홀로 서 있는 것을 보았는가? 아직 보지 않았다면 언젠가 보게 될 것이다. 그것이 배경이다. 배경은 이원성이 뛰어놀게 허용하는 마당이다. 그것은 삶을 허락하는 들판이며, 꿈을 실어 나르는 바다이다. 대부분의 마음은 이 들판을, 바다를 아직 모른다. 그래서 마음은 이원성을 잠시 떠나 들판으로, 바다로 여행을 가야 한다. 이 여행을 위해선 모든 생각을 두고 가야 하는데, 들판은, 바다는 질투가 심하다. 자신을 온전히 바라봐주지 않으면 귀신처럼 알고 쏜살같이 도망가 버린다. 생각을 내려놓고 자유의 날개를 달아 그를 좇아라. 오롯한 바라봄만이 남을 때 배경은 자신을 허락한다. 마음은 배경에 스며들고 그들은 하나가 된다. 이제 마음은 이원성이 아닌, 배경에 기대어 서 있다.

———

109. "The Supreme Lord is omniscient, omnipotent and all-pervading; I myself am He." By such a firm meditation one becomes Śiva.

"주군은 전지, 전능, 모든 곳에 임하시니; 내가 곧 그네." 이런 확고한 명상으로 쉬바가 되네.

주군主君에 대한 3가지 능력은 모든 문화 전통에서 공통이다. 그 구체적 내용이 어떠하든, 이 정도는 되어야 모든 영역을 관장하는 자신의 주군에 대한 예의를 다하는 것이리라. 그러나 이 3가지 특성은 현상인 마음의 차원에서 바라보는 주군의 모습이다. 명상을 통해 찾아가는 그는 지혜도 능력도 거처도 가지지 않는다. 그는 지혜를, 능력을 허용하는 자이다. 힘을 좇아가는 수련자는 영원한 갈증의 늪으로 빠져들 것이다. 주군은 힘을 가진 자가 아니다. 진정 그가 되고자 한다면 힘을 가진 주군의 모습이 아니라, 허용하는 면목을 알아야 한다. 모든 힘을 허용하기에 어떤 힘도 그를 정복할 수 없다. 그래서 그가 진정한 주군이다.

———

110. Just as waves arise from water, flames from fire and rays from the sun, in the same way the differentiated aspects of the universe have sprung from me, (that is) Bhairava.

물에서 파도가 일고, 불에서 불꽃이 일고, 태양에서 빛이 나오듯, 우주의 다양성이 나로부터 발생했고, 그것이 바이라와이네.

하나가 둘이 되고, 둘이 넷이 된다. 이것은 수정란이 자궁 안에서 세포 분열하는 과정이고, 세상이 분화되어 나오는 원리이다. 현상은 끝없는 분화와 통합을 반복하며 배경의 하늘에 별들을 뿌려놓는다. 세상의 학문은 그 별들을 연구한다. 그러나 명상은 하늘인 배경을 연구한다. 마음은 여기저기 별들을 옮겨 다니지만, 바라봄은 배경만을 응시한다. 명상은 근원으로 돌아가는 과정이다. 넷이던 것이 둘로, 둘이던 것이 하나로, 처음 시작되던 그 없음의 시점으로 가는 여정이다. 명상의 길은

다양성에서 물러나 그 흐름을 관통하는 단일성을 찾는다. 다
양성을 그저 허용하고 놓아 보내라. 놓아주는 그 여유와 물러
남 속에 길이 있다.

───────

111. If one moves round and round with the body
and suddenly falls on the ground, then, when the
energy of agitation comes to an end, the supreme
state arises.

몸으로 회전을 거듭하다 갑자기 바닥에 쓰러지고, 흥분 에너
지의 끝자락에, 최상의 상태가 일어나네.

물리적 에너지를 모아 그 차원을 전환하는 수련이다. 수피
(Sufism) 전통에서 많이 사용하여 널리 알려진 방법이다. 춤을
추듯 몸을 회전한다. 모든 세포들에 일정한 긴장이 발생하고,
그 회전을 유지하기 위해 일부 의식들이 각성하기 시작한다.
그리고 갑자기 멈춘다. 회전으로 일정한 흐름을 타던 몸의 모
든 관성에너지가 하나의 벽을 만나며, 그 지점에 에너지의 농
축 현상이 발생한다. 특정 지점에 발생한 에너지의 과밀은 몸
의 모든 세포의식들을 순식간에 끌어들인다. 강한 의식의 집
중이 자연스럽게 일어나고 있다. 순간 이 과밀지역에서 바라

봄이 살짝 물러날 수 있다면, 그곳이 바로 배경이다.

이 수련은 꼭 회전을 통해서만 이루어지는 것은 아니다. 선불교에서 러닝 젠Running Zen[113]으로 소개되는 방법이 있는데, 여기에선 몸의 회전이 아닌 달리기를 사용한다. 전력질주를 하여 온몸의 에너지를 과밀상태로 만든다. 몸이 충분히 활성화되고 숨이 차올라 죽을 것 같은 시점에 갑자기 바닥에 쓰러진다. 쓰러진 몸을 놓아두어도 외부 환경의 간섭이 적은 안정적인 곳이 좋다. 눈을 뜨고 하늘을 보고 있다. 아직 숨은 가쁘게 오르내리고, 세포의식들은 어디를 달리는 듯 멈춘 듯 하나의 벽에 모여들고, 발산되던 에너지가 갈 곳을 잃고 벽 앞에서 농축되고 있다. 에너지의 과밀은 모든 생각을 튕겨버린다. 오직 바라봄만이 그 헐떡임을 지키고 있다. 이 순간 바라봄이 물러나면 그곳이 배경이다. 에너지가 농축되던 벽은 현상의 경계지점이고, 눈을 뜨고 있어야 하는 것은 차원의 변화가 일어날 때 그것을 확연히 알아차리기 위해서이다.

---

113 일본의 선사禪師 스즈키 다이세츠(鈴木大拙, 1870~1966)가 소개한 적이 있다.

112. When, owing to the lack of the capacity to know objects, or by the dissolution of the mind, there is cessation of agitation caused by the energy of absorption, then the nature of Bhairava (manifest itself).

대상을 아는 능력과 마음이 붕괴되고, 함몰의 힘에 의한 흥분의 단절이 올 때, 바이라와의 본성이 드러나네.

판단이나 생각이 붕괴될 정도의 강한 사건이 닥쳐 올 때, 우리의 의식이 미묘한 지점에 가 있음을 누구나 종종 체험한다. 그곳은 배경을 접하고 있는 현상의 경계지점이다. 충격의 상황이 우리의 많은 의식을 이곳으로 몰아왔다. 짧은 순간이지만 의식은 고밀도의 집중을 이루고 있다. 이 몰입의 지점에서 충격을 밀어내고 물러나 바라볼 수 있고, 그 바라봄을 충격이 사라진 이후까지 유지할 수 있다면 배경이 자리한다. 앞의 회전과 달리는 수련은 이런 상황을 의도적으로 만들지만, 이 수련은 일상에서 발생할 수 있는 모든 유사한 상황에 적용하는 방법이다. 평소에 특정 명상에 훈련이 되어 있고, 이런 상황에 대한 이해가 있다면, 우리는 그 사건을 적절히 이용할 수 있다. 교통사고와 같은 외부적 충격이나 슬픔과 절망의 소식을 들으며, 혹은 갑작스런 기쁨 안에서도 이 수련은 가능하다. 모든 명상은 동일한 구조를 가지며 다양한 상황에 같은 결과를 낸다.

---

113. O Goddess, listen to this mystical tradition. I shall reveal it to you completely:
If the eyes are fixed without blinking the state of liberation (kaivalya) will occur immediately.

여신이여, 이 신비한 전통에 귀를 기울여라. 내가 온전히 그것을 너에게 드러낼 것이니:
눈을 깜빡이지 않으면 즉시 해방이 실현될 것이네.

신비한 전통의 가르침은 의외로 간단하다. 생각을 멈추는 일이다. 그 안에 모든 비방秘方과 길이 있다. 그러나 이것은 사람이 가장 어려워하는 것 중의 하나이다. 일부러 신비가 되려고 한 것이 아니라, 사실은 사람들이 밀어내니 소외되었을 뿐이다. 이솝우화에 나오는 여우는 포도를 따먹지 못하자, 신포도일 거라 자신을 합리화한다. 세상에 감추어진 것은 없으나 자신이 눈과 귀를 가리고 발길을 주지 않는다. 그리고는 점잖게 밀쳐내며 신맛이 난다고 변명한다. 그들은 생각을 멈추지 못하기 때문이다.

신비주의는 직관의 길이다. 느끼고 바라보는 교감이고 감응이다. 인간 대부분의 삶은 직관에 바탕하고 있으며, 이성과 논리는 매우 제한적이다. 그러나 사회는 이 역할을 전도시키고 있으며, 인간은 또 그런 착각 속에 살아가고 있다. 자신의 삶을 면밀히 살펴보면 대부분의, 그리고 중요한 결정들은 모두 직관에 의존하고 있다. 인간은 개념적 언어 외에도 많은 소통수단을 가지고 있으며, 그런 직관적 매개가 인간을 인간이게끔 해준다. 직관적 소통이 차단되거나 제약을 받으면 인간의 의식에 병이 든다. 현대의 많은 심인성 질환은 이러한 직관의 소통능력과 기회를 잃어가기에 발생하고 있다. 인간은 자연에서 밀려나 점점 개념적 이미지에 갇히고 있다.

명상과 신비의 길에 가장 난감해하는 이들이 있는데, 이성과 논리의 신봉자들이다. 고등교육을 통해 언어적 개념에 갇힌 이들에게 명상을 전하기 가장 힘들다. 신비가 전해주는 모든 내용을 개념화하여 생명력을 제거해버린다. 그리고는 왜 그것이 작동하지 않느냐고 항의하고, 신포도를 떠올리며 발길을 돌린다. 경구는 우선 삶에 대한 접근방법을 거론한다. 귀를 기울이라는 주의환기는 생각을 내려놓으라는 주문이다. 생각을 내려놓지 않고는 한 걸음도 명상과 신비의 영역에 발을 들일 수 없다. 누군가가 그들을 쫓아내는 것이 아니라, 자신들이 직관의 세계에서 튕겨져 나간다. 신비를 비난하는 일은 공정하지 않다.

이 수련은 눈을 깜박이지 말라고 주문하지만, 실제적으론 눈동자의 움직임을 멈추라는 뜻이다. 인간의 생리구조엔 뇌에 의해 이미지로 구성되는 생각과 눈동자의 움직임이 깊이 연계되어 있다. 그래서 꿈을 꾸면서도 눈동자를 움직인다. 눈동자의 움직임을 멈추면 생각의 진행이 중단된다. 정확히는 이미지의 연계작용이 대뇌피질에서 멈춘다. 생각이 멈춘 지점은 현상의 경계지점이다. 생각을 놓아버린 바라봄의 온전한 직관이 있을 때, 배경에 들어간다. 이 수련은 눈을 감은 상태에서도 동일하게 적용된다. 눈꺼풀이 닫히고 열림의 문제가 아니라, 눈동자의 정지가 차원을 전환하는 단초가 된다.

114. Closing one's ears and similarly closing the lower opening (the anus) one should meditate on the sound without vowel and consonant. Then one will enter the eternal Brahman.

귀를 닫고 항문을 닫으며 모음과 자음이 없는 소리에 명상하면, 영원한 브라흐만에 드네.

나다Nāda에 관한 수련으로 앞에서 몇 가지 방법이 소개되었으나, 이 수련은 인도 생리학과 관련된 방법이다. 이 문화를 따라 실행해도 되지만, 굳이 그렇게 해야만 하는 것은 아니다. 결국 외부로 향하는 감각의 문을 닫고 내면에 귀를 기울이라는 지시이다. 모음과 자음이 없는 소리는 일상적인 소리가 아닌, 소리 없는 소리이다. 안정적인 장소에서 감각 이면의 차원으로 들어간다. 일상 속에서 지속적인 수련이 이루어져야 하지만, 집중된 수련의 시간 또한 모든 수련자들에게 꼭 필요하다. 명상은 단지 배경에 진입하는 것이 목적이 아니라, 그 이후에 많은 작업을 가지고 있다.

---

115. By standing above a deep well or any abyss and fixing one's eyes (on the bottom of the well or abyss), one becomes completely free from thoughts, and immediately the mind will certainly be dissolved.

깊은 우물이나 심연 위에 서서 눈을 그 바닥에 고정하면 생각에서 온전히 자유로워지며, 즉시 마음은 녹을 것이네.

생각의 절벽에서 생각이 다한 바닥으로 단숨에 뛰어내리는 수련이다. 깊은 우물이나 심연을 내려다보면 끝없는 어둠이 보인다. 그리고 두려움 또한 피어오른다. 얼마나 내려가야 하는지, 그 아래에는 무엇이 있을지 아무것도 모른다. 두려움은 그곳에 죽음이 있을 것이라 속삭인다. 분명 죽음이 있다. 생각의 죽음이. 생각의 절벽에서 발을 떼고 바라봄은 죽음의 바닥으로 몸을 날린다. 이 수련은 그 두려움을 뚫고 그 바닥을 보게 한다. 칠흑 같은 어두움의 두려움은 이상한 힘을 가졌다. 그 표면을 지나 안으로 조금만 들어가면 미묘한 포근함이 사람을 매혹한다. 그 유혹을 따라 끝없이 들어가라. 그 어두움이 모든 생각과 마음을 녹이고, 바라봄은 경계에 다다른다. 그리고 배경이 있다.

---

116. Wherever the mind goes, whether outside or within, there itself is the state of Śiva. Since He is all-pervading, where else could the mind go?

안이든 밖이든 마음이 가는 곳 어디에나 그 자체가 쉬바이네. 그(Śiva)가 모든 곳에 편재하기에, 마음이 어디로 갈 수 있을까?

우리는 특별한 어느 곳을 찾는다. 그런 곳이 있기는 하다. 그러나 그 특별함이란 자신의 조건과 기호에 부합하는 주관적인 특성이다. 자신의 조건을 조금 더 보편화시킨다면 더 많은 곳이 의미를 가지고, 더 다양한 곳에서 우리는 충만을 만끽할 수 있다. 자신을 어떤 조건에든 맞출 수 있는 유연성이 있다면 우리가 굳이 어느 곳으로 가야 할 이유는 없다. 충만의 조건은 그 장소보다 우리의 태도에 더 의존하고 있는 셈이다. 모든 곳에 충만으로의 길이 있다면, 이제 우리가 적극적으로 무엇을 해야 할 차례이다.

117. Whenever the universe Consciousness of the all-pervading Lord is revealed through any of the sense-organs, since their nature is the same (universal Consciousness), then by absorption into pure Consciousness the fullness of the Self (will be attained).

모든 곳에 편재한 우주의식이 어떤 감각기관을 통해 드러날 때마다, 그 본성은 같아서 그 의식으로의 하나됨으로 충만이 얻어질 것이네.

배경의식은 우주의 근원이므로, 이것이 없는 곳이 어디일까? 어떤 감각을 통해서든 우리가 그곳에 닿을 수 있다면 우리는 같은 충만에 들게 된다. 경구는 다양한 길을 우리에게 제시하고 있다. 그 다양성은 충만의 다양성이 아닌, 인간이 가진 조건과 상황의 다양성이다. 우리는 이 충만에 이르기 위해 특별히 어느 곳으로 갈 필요도, 어느 시기를 기다려야 하는 것도, 다른 이와 비교하여 질투할 일도 없다. 비싼 교육을 많이 받을 필요도, 부자인 부모를 두어야 할 필요도, 우수한 유전자를 물려받아야 할 필요도 없다. 모든 이가 모든 상황에서 다가갈 수 있는 보편적 길이 열려 있다. 배경에 대한 분명한 인식과 열정과 그곳으로 가야 할 절박함이 그를 충만으로 인도한다.

———

118. At the beginning and end of sneezing, in a state of fear or sorrow, (standing) on top of an abyss or which fleeing from a battlefield, at the moment of intense curiosity, at the beginning or end of hunger; such a state comes close to the reality of Brahman.

재채기의 시작과 끝에, 두려움이나 슬픔에, 심연의 꼭대기에 혹은 전장에서 달아날 때, 강한 호기심의 순간에, 배고픔의 시작과 끝에서, 그런 상태는 브라흐만의 실재에 가까이 있네.

삶의 어느 한 순간에 배경이 없는 곳이 있을까? 재채기와 같은 아주 짧은 생각이 멎는 그 지점에, 심장을 때리는 그 멍한 감정의 순간에, 죽음의 그림자가 우리의 생각을 앗아가는 그 절명의 시점에, 세상을 모두 녹여버린 열정과 욕구의 순간에, 육체적 고통이 시작되어 생각을 삼키고 신체적 만족에 안도의 한숨이 나오는 모든 지점에서 배경은 우리를 기다리고 있다. 우리가 배경을 놓치는 지점은 단지 생각에 갇혀 있을 때뿐이다. 명상은 이해가 어려운 이론도, 난해한 기술이 필요한 업무도 아니다. 배경은 늘 우리에게 손짓하고 있으나, 이미지에 눈이 가려진 우리는 그가 있는지도 모른다. 삶의 축복은 의외로 가까운 곳에 있다. 우리의 손끝이 닿고, 그의 발걸음이 들리고, 그의 체취가 느껴지는, 우리의 시야를 멀리 던질 것도 없는 바로 코앞에 축복은 미소 지으며 다가오고 있다. 신포도일거라 자신을 합리화하는 여우만 닮지 않는다면, 축복은 바로 여기에 있다.

---

119. While looking at a particular space the mind should abandon the thought of all remembered objects, and thus making the body free from all support, the Lord reveals Himself.

하나의 특별한 공간을 들여다 볼 동안 마음은 모든 기억을 버려야 하며, 어디에도 몸을 기대지 않으면, 주군은 스스로를 드러내네.

공간은 어떤 능력을 가졌고, 그것은 허용과 창조의 영역이다. 이것은 배경과 가장 유사한 특성을 가진 현상계의 한 형태이다. 많은 명상이 공간을 이용하고 있으며, 이 수련은 그런 공간과 직접 하나되어 들어가는 방법이다. 이제 하나의 특정한 공간을 선택한다. 작은 방이든, 하나의 광장이든, 드넓은 언덕 위든 자신의 느낌에 와 닿는 공간이 좋다. 그 공간에서 오는 매력을 최대한 끌어올려 음미한다. 공간 내의 다른 형체나 요소에 붙들려서는 안 된다. 오직 공간에 녹아든다. 그 공간의 마력에 빠져들수록 모든 기억과 생각은 저절로 사라진다. 억지로 기억을 없애려 하지 않아도 공간 자체가 그 모두를 밀어낼 만큼 자신을 허용하기만 하면 된다. 공간이 당신을 어찌하는 일은 없으니 안심하고 모든 긴장을 내려놓는다.

이제 몸을 가능한 가볍게 한다. 두터운 옷이나 부수물들을 내려놓는다. 가볍게 걷거나 팔을 움직이며 그 공간을 피부로 느껴본다. 점점 더 자유롭게 공간과 교감을 가진다. 뛰거나 춤을 추거나 공간을 느끼게 하는 그 무엇도 허용된다. 자신이 인지하지도 못하는 사이 공간이·당신을 삼키고 있다. 지금껏 당신은 공간을 헤집고 있었던 것이 아니라, 현상의 경계지역으로 걸어가고 있었다. 배경이 공간을 통해 당신을 끌어오고 있었다. 그 손길을 놓지 않는다면 바라봄은 문득 배경에 들어와 있다. 배경은 언제나 그곳에 있었다. 그 공간 안에, 당신이 벗어놓은 옷가지들 안에, 당신의 몸 안에.

120. Having fixed one's eyes on a particular object, one should slowly withdraw the gaze from it, as well as the knowledge of that object along with the thought of it. Then, O Goddess, one becomes an abode of the Void.

특정 대상에 시선을 고정한 뒤, 천천히 대상에 대한 주시와 그것과 관련된 생각들에서 물러나면, 여신이여, 공에 거주하게 되네.

배경에 바로 진입하는 방법으로, 입문자들이 행하는 수련이다. 운마니 무드라Unmani mudra[114]로 알려져 있으며, 경구의

---

114 Unmani는 'no mind'라는 뜻을 가지며, 마음이나 생각을 넘어 있는 영역을 가리킨다. Unmani mudra는 눈을 뜨고 외부를 응시하고 있으나 자각이 그 안에 고정되어 있는 의식의 상태를 말하며, Bhairavi

설명처럼 특정 대상에 시선을 고정하고 의식을 철회하는 것이 아니다. 그저 경구의 표현이 그럴 뿐이다. 입문자들은 본의든 타의든 배경에 들고 남을 이어가는 삶을 살아가는데, 배경에 들어서도 일상을 함께 따라가는 것이 대부분이지만, 가끔은 일상을 밀쳐두고 배경에만 젖어드는 경우도 있다. 이 경우 수련자는 특정 대상을 이용하는 것이 아니라, 순간 자신의 의식을 배경에 넣어버림으로써 특정 자세를 취하지도 않으며 눈을 뜬 채로 외부 현상에서 물러나게 된다. 이 모습을 다른 사람이 볼 때는 수련자가 특정 대상에 시선을 고정하다가 의식을 물리는 것으로 보일 수 있기에 경구와 같은 표현이 나오게 된 듯하다.

---

121. The intuitive insight which is born from intense devotion in one who is detached is the very Energy of Śaṅkara then one becomes Śiva Himself.

집착 않는 내면의 강한 헌신에서 나온 직관적 통찰이 샹카라[115]의 동력이고; 그래서 쉬바 자신이 되네.

---

mudra라고 하기도 한다.

[115] 신神에 대한 강렬한 사랑으로 자신과 다른 대상을 전혀 인식하지 않는 의식상태를 가리킨다.

인도 전통의 박띠Bhakti와 깊은 관련이 있는 수련이다. 박띠는 헌신, 즉 자신을 온전히 내어놓는 길이다. 이것은 중심의 이동을 의미하는데, 일반적으로 자신에게 있는 인간존재의 중심을 헌신의 대상으로 옮겨 놓는다. 자신은 사라지고 헌신의 대상이 세상과 삶을 관장하는 구도가 된다. 자신의 의지가 아닌 신의 의도를 살피고 따르며, 자신의 행위가 아닌 신의 섭리를 그저 받아들이고 감사할 뿐이다. 자신이란 이미 의미가 없으며, 세상은 충만하고, 고통이나 기쁨과 같은 세상의 판단과 가치는 힘을 상실했으며, 더 좋아질 것도 나빠질 것도 없는 축복만이 가득하다. 인간에게 과연 가능한 차원인가 싶으나, '도 아니면 모'의 상황이다. 도의 차원에선 결코 모는 가능할 수 없다.

헌신의 길은 아무나 갈 수 있는 길이 아니다. 수련자가 이 길을 선택하는 것이 아니라, 이 길이 수련자를 찾아와야만 가능한 수련이다. 수련자가 아무리 긴 시간을 노력한다고 이 길은 열리지 않는다. 그의 내면 깊은 한쪽에 불신의 의식이 자리하고 있다면 한순간에 그 불신의 불길이 다른 모든 의식에 옮겨붙을 수 있다. 불신이 아닌, 헌신의 씨앗이 심겨져야 한다. 이제 수련자에겐 이 씨앗 외에 아무것도 눈에 들어오지 않는다. 사랑에 빠져버렸다. 세상이 아무려면 어떠랴! 그 사랑에 모든 것이 녹아나고 있다. 그에게 삶이란 단지 연인을 위한 헌신이다. 연인을 위해 먹으며, 연인을 향해 걷고, 연인을 바라보며 숨을 쉰다. 무엇을 가져야 한다면 그 또한 사랑을 위해서이다.

모든 것이 헌신을 향할 때 통찰이 다가온다. 그것은 세상을 어쩌기 위함이 아니라, 신이 자신을 드러내 보여줌으로 인해 알게 되는 앎이며, 자신에게 더욱 가까이 오도록 허락하는 초대의 손길이다. 이 길은 수련이나 연습이 아니다. 어느 날 문득 다가오는 사랑의 불길이며, 담백한 헌신이다. 오롯한 내어놓음이 디뎌야 할 발걸음을 밝혀준다. 아무나 이 길을 갈 수 없는 것은 자신을 내어놓지 못하기 때문이며, 누군가 이 길을 걷길 원한다면 사랑의 미풍보다는 자신을 태워버릴 고통의 벼락을 먼저 맞아야 할 것이다.

———

122. When one perceives a particular object, other objects gradually appear as if void. Meditating on this void in the mind, one attains peace, even when the object is still perceived.

특정 대상을 인식할 때, 다른 것은 점점 비어가네. 이 비어 있음에 명상하면, 비록 대상이 여전히 인식되어도 평화를 얻네.

일반 대상을 무작위로 선정해도 좋지만, 상징과 같은 조금 특별한 대상을 고르는 것이 좋다. 꼭 시각적 상징이 아닌, 소리 나 촉감의 상징도 무방하다. 선정되는 대상은 우리의 의식을 모아들이기 위한 방편이므로 의미를 가진 상징성이 더 많은 도움을 준다. 이제 그 대상에 집중함으로 인해 다른 주변의 것은 의미를 상실하기 시작하며 점점 비어가게 된다. 그 비어감의 흐름에 집중하던 대상 또한 살짝 얹어 놓으면 그 대상마저 서서히 빛이 바래간다. 점점 선명해지는 것은 비어있음과 바라봄의 의식뿐이다. 여기서 비어있음은 감각적으로 외부인식이 들어오지 않는다는 뜻이 아니다. 대뇌피질이 판단과 기억을 위한 아무런 작업을 수행하지 않기에 인식적으론 비어있음과 동일하다. 바라봄은 현상의 경계에 와 있다.

배경의식이 깨어나면 이제 마음은 자유를 얻는다. 배경의식의 부재에선 자신이 모든 인식의 최종 관찰자이며 관리자였다. 그러나 이제는 그럴 필요가 없다. 주군主君이 귀환했기에 모든 책임에서 물러날 수 있으며, 편히 자신의 기능에 충실할 수 있다. 마음은 이전과 동일한 작업을 수행하지만 배경의식이 늘 함께하기에 마음은 아무리 격한 충격에도 자기역할에 대한 반응만 할 뿐 곧 평정에 머문다. 세상은 자기 관할 하에 있지 않으며, 자신은 단지 기능의 도구이기에 자유를 누린다. 명상은 대상을 인식하지 않는 영역으로 가는 이별이 아니라,

배경의식을 현상의 세계에 불러들이는 초대이다.

---

123. The purity which is prescribed by people of little understanding is considered an impurity in the Śaiva system. There is neither purity nor impurity. Therefore, one who is free from such thoughts attains happiness.

이해가 부족한 이들의 순수는 샤이바(Śaiva)[116] 체계에선 비-순수로 여겨지네. 순수/비-순수는 없기에 그 생각에서 자유로우면 행복을 얻네.

일반적으로 순수를 사용하면 반대개념인 비-순수를 동반함으로써 항상 좋고 나쁨의 판단과 선택으로 내몰린다. 그러나 샤이바Śaiva는 이런 이원성 자체가 비-순수하다고 여긴다. 그들은 이원성을 문제 삼으며, 이원성 안에서의 순수/비순수가 아닌, 이원성 밖을 지향한다. 경구 원문은 이원성을 표현하기 위해 위깔빠vikalpa라는 용어를 사용하는데, 이것은 '선택'을 의미한다. 선택할 무엇이 있을 수밖에 없는 상황을 이원

---

116 카쉬미르 샤이비즘Kashmir Śaivism으로 인도 북부 카쉬미르 지역에서 발달한 Tantrism의 한 분파이다.

성으로 이해하고 있다. 그리고 이것의 부정어인 니르위깔빠 nirvikalpa를 그런 생각에서 자유로운 상태로 지칭한다. 선택이 필요 없는, 그러나 현상은 여전히 존재하는 상황이다. 물리적 단일화가 아닌, 범주의 확장과 본성에 대한 안목을 통해 전체를 담아낸다. 현상을 부정하는 것이 아니라, 현상을 통해 전체와 충만이 드러나도록 허용한다. 이것은 베단타 철학의 현실적 목표인 니르위깔빠 사마디(nirvikalpa samādhi)를 의미하고 있으며, 앞 경구의 종착지이고, 불교의 불이不二와 맥을 같이 한다.

대부분 우리는 순수한 무엇을 선호하는 경향이 있는데, 선악의 윤리개념에 익숙하기 때문이다. 이러한 철학적·심리적 경향은 대부분의 문화권에서, 그리고 아주 오랜 세월 우리 의식에 한계를 지어오고 있다. 인간의식이 이원성을 벗어나지 못하는 주요 원인 중 하나가 순수에 대한 집착이다. 순수는 현상을 두 구역으로 나누는 대표적 기준선이다. 많은 종교와 철학이 이것을 강화시켰고, 정치화됨으로써 역사 속에서 헤아리기도 힘든 인류의 고통을 낳았다. 명상의 과정에서 가장 우호적일 것 같은 순수가 사실은 가장 치명적인 걸림돌이 될 수도 있다.

철학적으로 명상은 이원성을 넘는 작업이다. 순수는 현상계 안에서 사건과 상황을 꾸미고 펼치는 유희의 도구이며, 현상이라는 바다 안에서 훌륭한 방향타의 역할을 하고 있다. 그러나 그 기능에 한계가 분명하다. 순수가 필요하지만, 순수만으론 안 된다. 순수를 버리라는 것이 아니라 그 안에 갇히지 말라는 뜻이다. 명상은 이원성에 자유를 부여하는 도구이지 소멸시키는 병기가 아니며, 자유인을 위한 지침이지 도망자를 위한 변명이 아니다. 순수에서 자유로워짐은 삶에 날개를 다는 것과 같다. 그러나 날개를 단 짐승이라도 평생 하늘을 날고만 있지는 않다.

──────

124. The reality of Bhairava is present everywhere, even in common people. He who knows that nothing exists apart from Him, attains the non-dual state.

바이라와는 모든 곳, 모든 이에게 현존하고, 이것을 알면 비-이원을 얻네.

인간은 늘 부분에 갇혀 있는 듯하다. 그래서 더 크고 많은 것을 원하는 것일까? 인류에게 생명이 부여된 이후, 우리는 끊임없는 확장에 매달려왔다. 번식과 정복과 호기심을 채우는 일이 인간이 하는 전부이다. 그러나 어찌 이를 부정하고 버릴 수 있을까? 인간이 원래 그렇게 하도록 구성된 게임의 한 변수라면 말이다. 아무튼 짧다고만은 볼 수 없는 시간 속에서 인간이 이룬 확장에 대한 성과가 만족스러운 것은 아닌 듯하다. 물량적으로 얼마나 많은 노력과 희생이 수반될지 알 수 없는 상황이다. 이제 우리의 확장을 향한 방법론에 의문을 제기해 보아야 하지 않을까? 다른 길은 과연 없는 것인가?

번식과 정복과 호기심을 인류가 버릴 수는 없을 것인데, 이것은 인간 게임의 기본전제이기 때문이다. 이것을 상자에 가두어 두려는 문화적 시도가 있었으나 어느 것 하나 성공한 적이 없다. 또 다른 인간 문명의 일부는 확장을 충족하는 다른 방식을 오래전부터 제시해오고 있는데, 그것은 접근에 대한 파격적 전환이다. 물량의 구도를 버리고 차원을 뒤집어라 요구한다. 물량적으로 인간은 우주에서 너무 미미한 존재이기에 처음부터 승산이 없는 접근이다. 우주와 대등할 수 있는 차원이라면 어떨까? 그 차원이 의식의 영역이며, 다행히 인간에겐 이 차원이 장착되어 있다.

인간이 비록 의식의 차원을 새로운 게임의 장소로 정해도 이 영역은 생소한 것이 사실이다. 인간에게 의식은 길들여지지 않은 야생마와 같은, 늘 함께하지만 무척 버거운 존재이다. 그러나 모든 곳에 현존하고자 하는 인간의 확장성에 대한 해결은 의식의 차원을 통해 이루어진다. 이것이 인간이 알고 있는 가장 근본적이며, 또한 전체성이 가능한 영역이기 때문이다. 전체성 속에서만 인간의 확장욕구가 충족된다. 이것은 마음이 아닌 배경의식에서만 가능한데, 전체성은 이원성의 영역인 마음에는 결코 담기는 일이 없다. 전체를 관통하는 것은 배경뿐이며, 비-이원은 배경의 다른 이름이다.

---

125. Having the same feeling toward friend and foe, remaining the same in honor and dishonor, the one who knows that Brahman is always full remains happy.

친구와 적, 명예와 불명예를 같이 보며, 충만한 브라흐만을 아는 그는 행복에 머무네.

마음엔 좋고 싫음을 나누는 경향성이 있는데, 이것은 외부 상황에 빠르고 쉽게 대처하는 효율을 위한 장치인 듯하다. 분류가 명확할 때 대응이 신속하고 적절할 수 있는 것은 분명하다. 그러나 인간과 사회가 복잡화의 영역에 깊이 들어옴으로써 이런 분류도 복잡해지고 많은 변수를 가지게 되었다. 좋고 싫음의 가치가 모호해지는 다양화 현상과 그 평가가 역전되는 극적 상황들이 많기 때문이다. 우리는 이전 시대보다 평가의 다양성에 더 익숙하지만, 여전히 이분법적 사고에 깊이 젖어 있음을 부인할 수 없다.

이원성을 극복하고자 하는 명상은 마음이 가진 효율의 장치를 인정하면서도, 좋음과 싫음이 적용될 필요가 없는 영역을 확보하고자 한다. 좋음과 싫음이 같은 가치를 가지는 차원이 있다. 이것은 마음을 떠받치고 있는 배경에서 가능하다. 충만은 좋고 싫음을 떠나는 것이 아니며, 그 둘을 함께 그리고 같은 것으로 담을 수 있는 그릇이며 여유이다. 이 그릇은 배경의 차원이다. 명상은 이원성에 의해 지탱되는 자기중심성에서 벗어나 그 구심력이 없어도 현상이 이전과 같이 흘러갈 수 있음을 알려준다. 자유와 충만은 그릇을 넓힘으로써 이루어진다.

———

126. One should neither feel hatred nor attachment towards anyone. Being free from both attachment and hatred, in the center (between both extremes) Brahman unfolds.

저주도 집착도 않으며, 그것에서 자유로우면, 극단의 가운데에 브라흐만이 드러나네.

좋고 싫음을 부정함으로써 이것에서 자유로워질 수 없다. 이것은 현상의 원리이고 규칙이다. 도로에서 오른쪽과 왼쪽의 준수는 교통법규의 원리이고 규칙이다. 이 원리가 세상을 풍요롭고 아름답게 한다. 그러나 이것은 언제든 깨어질 수 있는 규칙이다. 교통사고를 수습하거나 혹은 다른 가치를 위해 이 규칙은 철회될 수 있으며, 도로가 아닌 다른 차원에선 의미를 상실한다. 현상은 현상으로서 족하다. 좋고 싫음은 현상에서 벌어지는 교통의 원리에 유용한 규칙이다. 문제는 도로 위의 질서가 아닌, 춤을 추고자 하며 이 규칙을 따르려는 아둔함이다. 현실에서 이런 사람이 없는 것은 모두가 교통법규의 차원을 충분히 알기 때문이다. 인간이 좋고 싫음의 원리에 불편을 느낀다면 그것은 아직 현상의 규칙을 모르기 때문이다.

127. The unknowable, the ungraspable, the void, that which pervades even non-existence, contemplate on all this as Bhairava. At the end (of this contemplation) illumination will dawn.

알려지지도 잡히지도 않고, 비어있으며, 심지어 비-존재에도 스며있는 그것, 이 모든 것을 바이라와로 명상하네. 그 끝에 지혜가 빛나리니.

인간의 일반감각에도 지성에도 포착되지 않는 그 무엇에 접근하기 위해 우리는 무엇을 할 수 있을까? 경구의 원문은 명상하라는 용어로 바브얌bhāvyaṃ이라는 단어를 사용하는데, 이 것은 '이해'와 '느낌'을 아우르는 개념이다. 무엇을 알아가는 과정에 기억된 정보의 비교 분석은 단순할 수 있으며, 인간의 인지기관엔 보다 미묘하고 다양한 통로들이 있다. 인류는 자신이 가진 능력의 활용에 있어 초보적 단계에 있는지도 모른다. 명상은 인간의식을 몽환적 세계가 아닌, 더 정밀하고 구체적인 차원으로 안내한다. 물리학에선 고차원의 세계가 '말려있다'는 표현을 사용하는데, 이것은 그 차원들이 미세하여 현재 인간의 측정도구에 포착되지 않기에 선택된 용어일 것이다. 명상은 이런 미지의 차원을 직접 탐험하는 도구이다. 인간은 새로운 도구를 통해 자신의 지평을 넓혀간다.

▬▬▬

128. Fixing one's mind on the external space which is eternal, supportless, empty, all-pervading and free from limitation, in this way one will be absorbed in non-space.

영원하고, 의존이 없고, 비어있으며, 모든 것에 편재하며 한 계로부터 자유로운 외적 공간에 마음을 고정하면, 비-공간에 녹아들 것이네.

한계가 없는 외적 공간에 대한 수련이다. 세상은 수많은 구획과 편 가르기로 복잡한 영역이다. 이러한 복잡함에 지쳐버린 사람들이게 쉽게 공감이 갈 수 있는 방법이다. 이제 자신을 포함한 모든 개념들의 울타리를 하나하나 걷어낸다. 이미 이런 울타리 놀이가 감동을 주지 못하기에 특별히 많은 노력이 필요한 것도 아니다. 울타리를 걷어내는 것은 그것의 본질을 꿰뚫어 바라봄으로써 이루어진다. 시시각각 다가오는 대상이나 사건을 가급적 판단을 배제하며 바라본다. 수련의 중심에 바라봄이 있으며, 모든 대상들은 그 앞을 지나가고 바라봄은 이것을 전적으로 허용한다. 대상들에 울타리가 없다는 자기암시나 상상은 이 수련을 망치는 첫걸음이다. 상상을 조심하라.

시간에 제약을 두지 않고 다가오는 대상을 허용한다. 시간은 흐르는 무엇이며, 인간은 이 강을 '나'라는 배를 타고 다니며 무수한 대상과 사건을 처리한다는 구도를 완전히 버려라. 시간은 흐르지도 않으며, 대상과 사건을 내가 처리하지도 않는다. 이것은 '나'라는 구심점이 생김으로써 만들어진 오래되고 고질적인 착각이다. 세상이라는 상점에 고정된 것은 CCTV이며 '나'라는 점원이 밀어닥치는 사건이라는 손님을 맞이하여 상품을 팔고 있다. 고정된 것은 바라봄이라는 CCTV이고, 나머지는 현상의 파편이며, 시간이란 손님이 들어오는 순서일 뿐이다. CCTV는 상점의 어떤 사건에도 개입하지 않으며 그저 바라본다. 그들은 원래 서로 무관한 것이며, CCTV는 사실 그들에게 관심도 없으며 단지 지켜볼 뿐이다.

수련자에게 세상은 점점 이런 상점과 같아진다. 아침의 그 사람이, 어제의 그 사건이 저녁의 그것과 동일하다. 현상이란 것이 서로 간에 꼭 경계가 필요한 것인가? 백만 가지를 구분한들 그것이 무슨 소용인가? 일상의 현상은 점점 하나로 녹아들고, 드러나는 것은 거대한 공간뿐이다. 전에는 눈에 들어오지 않던 공간이란 것이 있었다. 이 녀석은 다른 현상들과 좀 다르다. 우쭐대지도 않고 치기 어린 싸움도 않는다. 묵묵히 자신의 자리에 있으며, 시끄러운 현상들을 받아주는 것을 보니 배포도 있는 듯하다. 어찌 괜찮은 녀석 같은데, 한번 사귀어 볼까나? 바라봄은 다소 덩치가 큰 공간이란 녀석과 놀기 시작한다. 그런데 알면 알수록 이 녀석은 대단한 놈이었다. 이 수련은 끊임없이 오고 가는 현상이 아직 대단해 보이는 이들에게는 적합하지 않은 방법이다.

———

129. Towards whichever object the mind moves, one should withdraw it from there at that very moment. By thus leaving it without support one will become free from mental agitation.

마음이 가는 어떤 대상에서, 바로 그 순간 그것에서 마음을
거두네. 미련 없이 그것을 떠나면 마음의 동요에서 자유로울
것이네.

위빠사나 형태의 한 수련이다. 마음에 다가오는 어떤 대상이
든 모두 허용한다. 다만 그곳과 거리를 두고 바라본다. 일반적
으로 어떤 것에서 마음을 단순히 거두기는 쉽지 않은데, 마음
은 항상 소비할 무엇인가를 필요로 하기 때문이다. 그래서 대
상에 달려가지 않고 일단 거리를 두는 연습부터 한다. 거리감
을 느낀 대상은 오래 버티지 못하고 곧 사라져간다. 바로 다른
대상이 밀고 들어오기 때문이다. 이러한 과정을 반복하며 마
음은 대상들에 매혹되어 달려가지 않는 여유를 가지게 되는
데, 이것은 바라봄이 이 과정 전체를 관장하고 있어서이다. 이
제 바라봄은 원하는 즉시 어떤 대상이든 그것에서 물러날 수
있다. 홀로 있음에 익숙한 바라봄은 원하는 시점에 모든 대상
에서 물러난 자신만의 여가를 즐긴다. 오랫동안 대상들과 실
랑이를 한 것은 바로 이러한 한가함을 누리기 위해서였다. 그
리고 귀한 손님이 찾아온다. 그는 배경이다.

130. Bhairava is one who makes everything resound (ravayati) with fear (bhayā), and who reveals the entire universe. He who utters this word 'Bhairava' unceasingly becomes Śiva.

바이라와[117]는 두려움에 울게 하는 자이며, 전 우주를 드러내는 자이네. 이 단어 '바이라와'를 끊임없이 읊조리면 쉬바가 되네.

진언을 사용하는 수련이다. 문화권에 따라 다른 진언을 사용할 수도 있으나, 여기선 그들의 전통을 따라 설명한다. 바이라와Bhairava는 우선 두려움을 주는 자인데, 이것은 그가 능력을 가졌음을 의미한다. 이것은 진언에서 중요한 부분으로 진언을 읊는 수련자에게 기대고 믿을 수 있는 능력자의 이미지를 제공한다. 또한 그는 울부짖게 하는 자이다. 두렵지만 그 앞에서 모든 설움을 쏟아낼 수 있는 너그러움과 관용의, 그리고 그 억울함을 풀어줄 수 있는 자이다. 이러한 능력자가 전 우주를 관장한다니, 어느 누가 그와 가까이하고 싶지 않을까? 바이라와는 진언을 수련하는 이들의 심리를 최대한 만족시킬 수 있는

---

117 Bhairava: Bha=두려움, 위협(bhayā); ra=울부짖음(ravayati); va=모든 곳에 현존하는 신의 의식(vyāpako)

요소를 갖추었다.

진언수련은 그 진언의 선택이 중요한데, 그것이 가진 의미를 통해 수련자의 집중을 최대한 끌어올려야 하기 때문이다. 수련자가 자신의 전 존재와 삶을 맡기고도 남을 그만한 의미를 지닌다면 수련의 효율은 높아진다. 이제 바이라와로 수련을 시작하며 소리를 내든 않든, 잠을 자든 깨어있든, 일을 하든 않든, 누구와 대화를 하든 않든 바이라와가 자신의 삶 전체를 울리도록 해야 한다. 자신이 자신인지 바이라와인지조차 구분이 안 되어야 한다. 진언이 이 정도로 삶에서 공명하면 진언과 세상의 현상이라는 2개의 차원으로 나뉜다. 현상이라는 끊임없는 변화를 거듭하는 하나의 축과 삶 전체를 관통하며 변하지 않는 또 다른 축인 진언이 그것이다.

수련자는 변화 없는 진언을 통해 바라봄을 강화시키며, 동시에 현상에서 떨어져 있는 차원을 확보한다. 바이라와는 어느덧 이미 소리가 아니다. 이것은 현상의 대척점에서 현상을 바라보는 자이다. 바라봄은 현상을 허용하며 그 속으로 스며들고 품어준다. 원래 바이라와는 관용과 포용의 그릇이었고, 배경의 다른 이름이다. 진언수련 또한 헌신의 수련처럼 중심의 이동이라는 구조를 가진다. 진언을 자신 안에 가두는 것이 아닌, 자신이 진언에 동화되어가기 때문이다. 수련자는 점점 자신과 현상에서 거리를 두며 현상의 경계지점으로 다가간다.

진언이 자신의 특성을 소진하며 배경에 흡수됨으로써 수련자
도 배경으로 진입한다. 진언은 하나의 안내자였고 자신의 소
임을 다했다.

---

131. While making assertions like "I am, this is mine",
etc., the mind goes to that which is supportless.
Inspired by this meditation one becomes peaceful.

"나는 존재하네, 이것이 내 것이네" 같은 주장을 하는 반면,
그 마음은 의존 않는 그것에 다가가네. 이 명상에 고무되어
평화에 젖어 드네.

현상에 발을 딛고 있으며 동시에 현상 밖을 확보해야 하는
마음의 이중성을 표현하는 경구이며, 명상수련의 기본구도가
잘 드러나는 방법이다. 명상은 현상과 배경이라는 2개의 차원
을 확보하는 작업이다. 현상이 배경을 장악하는 것도, 배경이
현상을 밀어버리는 것도 아니다. 그들이 서로 다른 차원이라
는 말은 각자에 운용되는 원리나 법칙이 다르다는 의미이다.
이들 2개의 차원은 독립적으로 존재해야 한다. 그러나 가끔 명
상수련자들 중에는 현상의 기준으로 배경을 이해하려는 경우
와 배경의 기준으로 현상을 무시하는 일이 있다. 그들은 주체

(Ego)를 버려야 하지만 개체나 정체성을 허용해야 함을 이해하지 못하며, 인간의 욕망과 균형의 끊임없는 이동으로 발생하는 현상의 춤을 두려워하고, 인간 현상이 심장의 박동처럼 항상 뛰어야 함에도 절대적 무진동의 승차감을 좇고 있다. 그것이 최소한 인간 현상이 도달해야 할 목표라면 분명 그것에 오류가 있다.

현상과 배경은 물리적으로 통합될 수 없으며, 상이한 특성을 가지며 공존할 수 있을 뿐이다. 그래서 인도 베단타 학파의 효시인 샹까라Śaṅkara의 철학이 일원론이 아닌, 아드바이타 베단타(Advaita Vedanta: 비이원적 베단타)가 되었다. '하나'가 아니라 '둘이 아니다'라는 점을 강조하고 싶은 의도일 것이다. 종교 교단에서 언급하는 해탈이나 천국이 명상의 목표가 아니다. 명상의 목표는 현상과 배경 차원을 동시에 가지며, 그 속에서 자유로울 수 있는 '인간 현상'을 구현하는 일이다. 대부분의 교단은 인간 현상을 포기하고 그들이 생각하는 '신의 현상'을 갈구한다. 그들은 신이거나 신과 유사한 현상이 되고 싶어 한다. 그들의 내면 깊은 곳엔 인간 현상을 저주하는 씨앗이 있다. 신의 현상을 붙들수록 이 씨앗은 발아하여 점점 가지를 뻗는다. 그들은 '신이 인간에 내재되어 있다'는 명제에서 인간을 하나의 버려져야 할 껍질로 이해한다. 껍질은 눈에 들어오지 않고, '순수한'과 '진정한'이라는 형용사를 붙인 '알맹이'인 무엇을 찾으려 한다. 그들은 인간이 곧 신임을 모른다.

  명상은 껍질을 버리고 알맹이를 찾는 작업이 아니다. 껍질과 알맹이가 다르지 않음을 확인하는 것이고, 다르게 '보일 뿐'인 편견의 안경을 버리는 일이다. 이 수련은 단순한 듯하나 어려운 면이 없지 않다. 현상의 원리를 따르는 개체나 정체성을 당당히 인정하며, 의존하지 않는 배경으로 다가가야 한다. 일상의 삶을 포기하지 않으며 그 흐름에서 물러나 바라본다. 구체적 감각이나 대상을 보지 않고 일상 전체를 하나의 흐름으로 관조한다. 그 흐름이 '자신'이라는 것에서 벗어나 저 앞에 흐르는 하나의 강이 되도록 한다. 그 강을 바라보는 자가 사라지고 그저 바라봄만이 가능할 때까지 기다린다. 바라보는 배경과 흐르는 현상이 서로 뚜렷해지며 함께 있다. 강이 범람할 일도, 바라봄이 강에 빠질 일도 없다. 그들은 각자의 차원에서 그저 충족하다.

━━━━

132. "Eternal, omnipresent, without any support, all-pervading, Lord of all that is" — by meditating every moment of those words one attains fulfillment in accordance with their meaning.

"영원하고, 모든 곳에 편재하며, 의존이 없으며, 모든 것에 스며있으니, 모든 것의 주군이네" - 매 순간 그 단어들을 명상하면 그들의 의미에 따라 충만을 얻네.

일반적으로 진언수련은 발성되는 소리에서 시작하지만, 이 수련은 소리발성의 단계를 생략한 경우이다. 그저 그 단어의 의미를 의식의 전반에 풀어놓는다. 처음엔 그 의미의 이미지를 뚜렷이 할 필요가 있으나, 점차 그 단어가 하나의 색이나 분위기로 자리 잡도록 한다. 이렇게 단어의 의미를 코드화하는 것은 수련이 일상의 다른 활동과 늘 함께 흘러가야 하기 때문이다. 이제 단어는 내적 진언이 되어 항상 일상의 전반으로 스며들고 있다. 그 공명이 자신과 세상을 울리고 있다. 점점 모든 것이 그 속으로 빨려 들어온다. 이제 세상은 영원한 무엇이며, 유아독존唯我獨尊의 무엇이다. 그 의미가 실재화되었다.

진언수련에서 진언이 개인적인 경우가 많으나 반드시 그럴 필요는 없다. 그 개별화에 대한 집착은 명상의 전체적 구도를 모르기에 발생하는 오해이다. 개별화의 역할은 집중을 용이하게 하는 것 외의 아무런 의미도 없다. 바라봄에 집중이 충분히 무르익어, 물러남이 깊어지면 결국 놓아버려야 하는 것이 진언의 개별성이다. 나와 너의 구별이 필요치 않은 보편성의 배경으로 들어가는 데 개별성은 걸림돌이 된다. 한국 전통에서 방에 들어올 때는 누구나 신발을 벗어야 한다. 하나의 공명이

의식의 단일화에 도움을 주고, 의식은 그 힘으로 새로운 차원
에 눈을 뜬다. 수련의 각 장치들은 자신의 역할이 있을 뿐이다.

---

133. "All this universe is without reality, like a magic
show (indrajāla), for what reality is there in a magic
show?" By firmly thinking in this way, one obtains
peace.

"마술 쇼처럼 우주의 모든 것은 실재하지 않네, 도대체 무슨
실재성이 마술 안에 있는 것인가?" 이런 방식으로 확고히 생
각하면, 평화를 얻네.

차원에 대한 안목을 직접 뚫고 들어가는 수련이다. 현실적으
로 접근이 쉽지 않은 방법인데, 바로 배경과 현상의 경계를 뚜
렷이 해야 하는, 혹은 단번에 배경의식을 깨우는 작업이기 때
문이다. 이런 시점이 흔하진 않으나, 많은 사람들의 삶에 실제
로 발생하고 있다. 문제는 이 상황을 놓쳐버림으로써 그 기회
를 잃는 데 있다. 명상의 기본구도를 이해하고 이런 상황이 어
떻게 사용될 수 있는지 사전 준비가 있다면, 일상에서 충분히
활용할 수 있다. 사실 명상수련엔 고정된 패턴이 없다. 배경과
현상이라는 2개의 차원이 뚜렷해지는 모든 상황이 명상으로

활용된다.

경구에 나오는 류의 한탄을 쏟아내는 상황이라면 분명 논리의 법칙이 벽에 부딪혔고, 현상의 무작위성에 눈을 떴음이 분명하다. 자칫 이런 상황에 세상을 허구로 돌리고, 진실한 무엇을 찾으려 한다. 그러나 실재성이란 무엇이 아니라, 무엇이 없음이다. 이것은 무규정성이다. 세상은 허구가 아닌, 무규정 위에 잠시 펼쳐진 규정성의 불꽃이다. 세상과 대립되는 다른 규정성을 찾으려 한다면 이 수련의 함정에 빠진다. 이 수련은 규정과 무규정의 차이를 아는 것이다. 한탄을 쏟으며 벽에 부딪치는 순간, 다른 극단으로 달려가지 않고 그 구도에서 물러나야 한다. 둘이 보이면 어느 하나로 쏠리지 않고 둘을 허용한다. 차원들 속에서 숨바꼭질을 하지 말고, 놀이 전체를 들여다보는 지점을 확보한다.

———

134. How can the immutable Self have any knowledge or activity? All external objects depend on our knowledge of them. Therefore this world is void.

변치 않는 그것이 어떻게 지식이나 활동성을 가질 수 있는가? 모든 외적 대상들은 그들에 대한 우리의 지식에 의존하네. 그러므로 이 세상은 공空이네.

변치 않는 그것은 변화를 가능케 하는 배경이다. 배경 위의 모든 것은 변화하며, 이것을 현상이라 부른다. 인간은 현상이며, 지식과 활동성도 현상이다. 그것은 변화하기 때문이다. 그러나 아무도 이 현상을 보아주고 알아주지 않으면 현상은 배경에서 분리될 수 없다. 현상이 없는 것이 아니라, 세상이 없다. 세상은 '보여지는 현상'이기 때문이다. 현상은 하나로 보이지 않고, 보는 자의 수만큼 다르게 보인다. 그래서 세상은 보는 자의 수만큼 있다. 우리는 하나의 세상에 사는 것이 아니라, 서로 유사한 수많은 세상의 교집합에서 잠시 만날 뿐이다. 이 교집합은 소통을 위한 합의점이다. 개인이 인식하는 세상은 자신의 고유한 바라봄이다. 현상은 이 소통을 매개하는 인자이며, 어느 세상에도 온전히 드러나지 않는다. 현상은 드러나지만 동시에 감추어져 있다.

관찰을 하기에 보여짐이 있고, 그 관찰의 방식이 나누어 분류하는 것이기에 현상의 다양성이 보여진다. 현상이 나뉘어 있고 변화하는 것이 아니라, 관찰이 나누어 분류하기에 우리는 현상이 변화한다고 이해한다. 이러한 보여짐을 통해 비로소 현상은 있는 것이 되고, 변화하는 것이 된다. 그래서 경구는 세상은 우리의 지식에 의존한다고 말한다. 나눔의 눈에는 세상이 드러나고, 나누지 않는 눈에는 아무것도 존재하지 않는다. 인간은 알 수 없는 원인으로 이 두 종류의 눈을 모두 가지고 있다. 그러나 하나의 눈만을 뜰 때 인간은 장애를 가지고 고통을 겪는다. 왜 애써 다른 눈을 뜨려 하느냐고 물으면, 장애로 인한 고통이 싫기 때문이다. 그 고통을 즐기고 싶은 자는 눈을 계속 감고 있어도 무방하다. 눈을 떠야 할 필연성이 없기 때문이다. 눈을 감고 있음도 그저 하나의 현상이다.

135. There is neither bondage nor liberation for me, they are just like bogies for the fearful. This (world) is like a reflection in the mind, just as the sun is reflected in water.

나에겐 구속이나 해방이 없네, 그것들은 두려움을 일으키는 악귀들이네. 이 세상은 태양이 물에 비치듯, 마음에 이는 반영과 같네.

마음에 이는 반영을 통해 세상이 하나의 견해이고 해석임을 다시 강조한다. 구속과 해방은 변화하는 현상과 물에 비친 반영의 차원에서만 통용되는 내용이다. 물의 표면에선 구속과 해방을 분명 논해야 하지만, 물을 떠난 허공 속에선 논의의 여지가 없는 내용들이다. 배경의 차원엔 풀리는 자가 없으며, 묶이는 자는 물이라는 스크린 위에 있다. '나'가 없는데 구속과 해방이 다 무슨 상관이란 말인가? 구속과 해방에 대한 언급은 차원의 맥락에서 바르게 이해될 수 있는데, 인간 현상이 이중차원에 걸쳐 있기 때문이다. 배경의 차원에선 존재자가 허용되지 않기에 어떠한 개념적 대입이 불가능한 반면, 이러한 개념의 적용은 '나'가 있는 현상에서 이루어진다. 해방이 되고 않고의 문제가 아니라, 어느 차원에 불이 켜져 있느냐의 문제이다.

인간 현상은 해방이 필요한 동시에 구속이 없는 상태이다. 한 인간이 구속에서 해방으로 전환되는 것이 아니라, 해방이 필요한 차원에서 해방이 필요 없는 차원으로의 전환이다. 일상에서 우리는 이 두 개의 차원을 끊임없이 오고 간다. 어느 순간 해방은 필요하고, 또 어느 순간 해방은 무의미하다. 어느 순간엔 '나'가 존재하고, 또 어느 순간엔 '나'가 존재하지 않기 때문이다. 지속적인 '나'는 존재하지 않기에 이런 일이 발생한다. '당신은 해방된 자인가?'라는 질문은 우문愚問 중의 우문이다. '구속된 자'가 '해방된 자'로 변모하는 과정이 아니라, '구속된 차원'과 '해방이 필요 없는 차원'이 있다. 이 두 개의 차원으로 인간 현상이 구성된다. 인간을 하나의 차원으로만 몰아넣는다면, 인간 현상에 행복과 축복은 가능하지 않다. 인간 현상 밖엔 행복도 축복도 의미가 없다.

136. All association with pleasure and pain occurs through the senses. Therefore detach yourself from the senses and abide within your own Self.

기쁨이나 고통과 관련된 모든 것들은 감각을 통해 일어나네. 그러므로 감각에서 자신을 떼어놓고, 너의 깊은 곳에 머물러야 하네.

일부 명상 전통에선 이원성이 일반감각에서 시작한다고 이해하여, 감각 철회를 지나치게 강조하기도 한다. 그러나 감각은 단지 외부정보의 수용기일 뿐이며, 이원성은 뇌의 판단에 의해 발생한다. 감각은 명상에 장애요소가 아닌 필수요소이다. 수련자들이 감각으로 인해 겪는 어려움은, 그들의 감각이 흔히 물리세계라 일컫는 거친 감각에 국한되어 있기 때문이다. 명상은 새로운 영역으로 확장해나가는 과정이다. 미지의 영역을 개척하기 위해선 더 많은, 그리고 더 미세하고 정밀한 감각들이 필요하다. 명상과정의 기본 방향성은 현상에서 멀어지는 도피가 아닌, 현상과는 비교되지 않는 더 밀도 높은 차원을 개척해 들어가는 일이다. 도피와 개척은 분명 다른 의미를 가진다. 명상수련에서의 집중은 외부감각을 떠남이 아니라, 새로운 영역에 대한 몰입으로 가능하다. 감각 철회가 아닌, 감각대상의 '전환'이다.

명상에선 사용하지 않던 감각들을 찾아내고 연마해야 한다. 명상을 통해 진입하는 영역은 우리가 지금껏 알던 세계와는 사뭇 다른 곳이다. 새로운 장비들이 필요하고, 이전의 장비들도 정비가 요구된다. 흔히 오래된 명상수련자들이 예민한 감각을 가지는 경우가 이런 이유이다. 이제 표면의식이 자신의 깊은 곳으로 내려앉으려 한다. 그러나 쉬운 일이 아니다. 표면의식은 계속 튕겨져 나온다. 의식의 심해는 바람에 일렁이는 파도가 춤추는 곳과는 그 밀도가 무척 다르다. 그래서 심해로 내려앉기 위해선 다른 장비가 필요하다. 고밀도의 영역에 적합한 새로운 감각이 필요하고, 기존의 감각들이 함께해야 한다. 명상은 지속적으로 소외되었던 의식들을 깨우고 통합하여 그 감각을 새로이 정비한다. 탐험가에게 신형장비는 큰 힘이지 않던가?

137. Knowledge illumines everything in this world; and the Self is the one who illumines. Since they have the same nature, knowledge and the knower should be contemplated as one.

지식이 세상 모든 것을 비추고; 그는 비추는 자이네. 같은 본성을 가지기에 지식과 아는 자는 하나로서 명상되네.

　인도 인식론에선 지식과 지식의 대상, 그리고 아는 자의 구분이 바탕을 이룬다. 논리적 관점에선 유용한 분류방식이나, 명상에선 별로 도움이 되지 않는 요소들이다. 명상의 일차적 과제는 논리적 분류가 모두 힘을 상실하는 배경의 차원을 복원하는 일이기 때문이다. 인간이 현실적으로 가진 문제점은, 현상을 인식하는 '아는 자'에 갇혀 있다는 점이다. 지식과 대상과 아는 자의 분류가 잘못된 것이 아니라, 이런 분류 밖에 있는 차원에 눈을 감고 있다는 사실이다. 아는 자라는 정체성을 항상 기준점으로 삼기에, 그 존재자에서 벗어나지 못한다는 사실이 배경으로의 진입을 방해한다. 경구는 지식과 아는 자가 하나되는 지점으로 수련자를 유도한다.

　명상은 배경을 복원함으로써 인간이 이원적 현상에만 갇혀 있는 상황을 해소하고, 보다 넓은 지평을 제공한다. 배경 위에 현상을 얹어 놓음으로써 인간 현상은 하나의 정체성에 갇히지 않고 전체성 속에서 보다 유연해질 수 있는 여지를 제공받는다. 상호 분리되어 있던 아는 자와 대상이라는 현상이 앎이라는 현상으로 녹아드는데, 배경 위의 현상은 그 어느 것도 기준점이 될 필요가 없으며, 현상의 경계가 특별히 정해져 있지도 않기 때문이다. 수련자는 기존에 알던 현상의 경계를 자유로이 넘나들며 배경과 더욱 긴밀해지고, 현상을 편안히 허용함으로써 세상이 주던 막연한 두려움에서 벗어나게 된다. 그 두려움은 배경의 결핍에서 오던 고립감이었다. 배경의 등장으로 현상은 비로소 전체성을 얻고 편안함을 누린다.

---

138. O Dear One, when the mind, the (individual) consciousness, the vital energy and the limited self, these four have disappeared, then the nature of Bhairava appears.

오 그대여! 마음, 개별 의식, 생명력, 그리고 제한된 자아, 이 네 가지가 사라졌을 때, 바이라와의 본성이 드러나네.

바이라와는 배경을 기반으로 현상을 품고 있는 전체성이다. 앞에서 언급한 모든 명상수련의 방법들은 최종적으로 이 전체성의 발현을 향하고 있다. 명상과정에서 작업의 주요 대상은 일반적 외부 현상들이 아니라, 그 현상들을 인지하고 분류하던 주체라는 중심성을 가지던 일부 미세한 현상들이다. 경구는 그 대표적 예를 힌두 문화를 근거로 열거하고 있다. 그 분류가 어떠하든, 마음을 비롯한 이들 현상의 한계지점을 넘어 현상 자체가 가능할 수 있었던 배경의 차원을 열어가는 것이 명상이다. 이 과정에 마음이라는 현상의 파수꾼이 그 경계를 감시하고 있다. 인간 현상이 그 경계를 넘게 되면 마음은 자신이 가졌던 권력을 내려놓아야 하기 때문이다. 무수한 현상들 중에 마음이 유독 그 경계를 사수하고자 하는 이유가 이것이다.

수련자는 우선 마음이나 생명력과 같은 요소들이 동일한 차원에 있음을 이해해야 한다. 이들은 다른 이름을 가지지만, 변화와 에너지의 차원에 속하는 현상들이다. 각각의 현상들은 필요에 의해 하나로 통합되거나 무한대의 수로 나뉘어 분류될 수 있다. 그 분류는 상황의 필요에 의한 임시적 설정이다. 배경으로 진입하는 과정에 현상의 개별 특성들은 의식의 집중과 물러남을 방해한다. 명상수련의 과정에서 가능하면 현상들에 대한 모든 분류를 내려놓아야 현상과 배경의 경계지점에 설 수 있다. 그곳은 현상이 끝나는 지점이기 때문이다. 어떤 현상이든 남김없이 밀쳐 두어야 경계에 이를 수 있는데, 모든 현상을 하나의 바구니에 담아야 처리하기 수월하다. 현상이 모두 잠잠해질 때, 배경으로의 진입이 가능하다.

---

139. O Goddess! I have revealed 112 methods of reaching quietude (lit. the waveless state of the mind), knowing which a person becomes wise.

여신이여! 인간이 현명해지는 112가지 평온에 도달하는 방법을 밝혔네.

이 문헌은 총 163경구로, 도입과 결말을 제외하고 24~138까지 115개의 경구가 수련의 방법을 설명하고 있다. 그러나 문헌 자체가 112개의 방법이라 명시한 것은 나머지 3개는 다른 경구의 보충설명이라 이해한 결과인 듯하다. 이 문헌이 제시하는 명상수련의 개수는 사실상 큰 의미가 없다. 백여 가지의 수련은 하나의 방법론으로 수렴이 가능하고, 동시에 수만 가지로 더욱 세분화될 수도 있다. 문헌이 제시하는 것은 내려오는 전통에 의한 대표적 예들일 뿐이다. 그리고 모든 길이 하나로 수렴될 수 있어야 진정한 방법론이라 할 수 있다. 명상은 과학에 근거하며 자연의 원리를 따르기 때문이다. 앞에서 이루어진 경구에 대한 해설은 사실 반복적인 요소가 없지 않으나, 그럼에도 불구하고 장구한 설명을 한 것은 개인마다 각자 삶의 자리가 다르고, 이해의 지평에 편차가 많기 때문이다. 그것은 이 문헌을 형성한 이들의 의도와 맥을 같이한다.

여기에서 설명된 명상 방법들은 모든 시대, 모두를 위한 방법이 아니다. 어떤 수련은 현대적 상황에 전혀 맞지 않을 수도 있으며, 많은 수련들이 당신과는 무관할 수도 있다. 그렇다고 염려할 것은 없는데, 소개되지 않은 무수한 수련들이 있으며 하나의 방법만으로도 배경에 이르기는 충분하다. 자신에게 필요한 수련도 명상이라는 전체 여정에서 각 시기마다 다른 수련이 적용된다. 개인의 특성과 조건에 따라, 그리고 한 개인 안에서도 의식의 변화 전개에 따른 적절한 적용이 있어야 한다. 그렇다고 그 적절함에 지나치게 과민해서는 어떤 수련도 제대로 하지 못하게 되는데, 수련에 대한 성실성보다는 끝없이 자신이 선택한 방법에 대한 불신으로 시간을 낭비할 수 있기 때문이다. 선택한 방법을 신뢰하며 자신을 온전히 맡기는 것이 발생할 수도 있는 난관을 극복하는 가장 빠른 길이다.

방법론들 사이에 우열관계는 전혀 없다. 얼마만큼 강렬하고 지속적인 훈련이었는가가 결과를 얘기한다. 소개된 방법들은 명상의 구조적 본질이 무엇인지, 어떤 관문을 거쳐야 하고, 어느 지점에 이르러야 하는지를 보여주고 있다. 다양성을 통해 그 원리를 이해한다. 이것은 문헌을 읽고 분석을 통한 지적 이해로 이루어지지 않는다. 본인의 실질적 수련과정에서 의식이 어떤 모습을 가졌고, 어떠한 방식으로 움직이며, 어떤 상이한 차원에 있을 수 있는가를 직접 느껴야 알 수 있다. 누군가가 알려줄 수 있는 성질의 것이 아니라, 스스로 그곳에 존재해야 하는 삶이다.

3. 일상의 꽃

매일의 삶에서 우리는 충만함을 느끼는가? 무엇이 그런 충만을 가능하게 하는가? 충만은 물리적 소유가 아닌, 의식의 여유로움과 넉넉함이다. 통장에 찍힌 숫자가 아니라, 그 숫자를 해석하는 마음의 흡족함이다. 미세한 물질인 마음이 만족을 느껴야 비로소 충만에 가까워질 수 있다. 충만에 대한 방향타는 의식에 있음이 분명하다. 그러나 문제는 이 의식의 태도에 따라 외적 상황과는 별개로 인간은 정반대의 경험을 할 수도 있다는 점이다. 상황의 조건이 아니라 그것을 바라보는 태도의 성격이 진정 충만에 대한 열쇠를 쥐고 있다. 사건을 받아들이는 의식의 자세가 우리의 삶을 만들고 있다. 삶이란 매 순간 선택되는 의식의 색깔이다.

명상은 의식의 색깔에 관여하고자 하는 작업이다. 삶이란 특별한 것이 아닌, 매 순간 결정되는 의식의 모습이다. 각각의 이 시점에 충만의 꽃을 피우고자 하는 것이 명상이다. 그래서 명상은 우리 일상의 모든 지점에서 꿈틀댄다. 아침, 아직도 곤한 우리의 뇌리에 비집고 들어오는 그 의식의 지점에서부터, 번다한 수많은 사건의 터널을 지나, 다시 지친 몸을 누이는 잠의 깊은 곳까지 우리 의식은 특별한 훈련에 참여할 수 있다. 그리고 그 수단이 전혀 복잡하지도 않다. 타인이나 자연을 향한 한

번의 손길이면 충분하다. 그 접촉의 지점에 모든 것이 들어 있다. 그 손길의 색깔을 선택하는 것이 곧 명상이다. 우리는 그 선택으로 충만과 목을 죄는 갈증 사이를 오고 갈 수 있다. 명상이 삶의 색깔을 바꾼다.

명상엔 일회성이 아닌 지속성이 중요하다. 누군가를 만나 식사 한 번 하고 헤어지는 사건이나, 따끈한 목욕을 하고 나와 느끼는 상쾌함이 아니다. 우리의 호흡처럼 언제나 그곳에서 함께해야 하는 것이 명상이다. 그러나 우리의 의지가 그만큼 따르지 못하는 것이 현실적 고민이다. 이런 문제를 해결하는 것이 습관인데, 이것은 일정한 행위들로 묶인 행동패턴의 자동화이다. 일상은 습관들의 총합이라 할 만큼 우리는 많은 습관을 이미 가지고 있다. 여기에 그저 바라봄이라는 낯설지 않은 녀석 하나를 슬쩍 끼워만 놓으면 된다. 단지 작은 씨앗 하나를 심음으로써 우리 삶은 총체적 전환을 맞을 수 있다.

씨앗 하나를 화분에 심고, 물을 주고, 관심을 뿌려주고, 기다림을 덮어준다. 자연은 진실하기에 누구를 속이는 일이 없다. 새싹은 우리의 기다림을 살포시 밀치며 고개를 내민다. 그리곤 손을 들어 우리의 가슴에 손짓한다. 그것은 관계와 나눔과 확장으로의 초대이다. 앙증맞은 작은 녀석이 우리를 유혹하고 있다. 그 유혹을 뿌리치기엔 너무 늦어버렸다. 이미 열어준 기다림의 문을 통해 성큼성큼 심장으로 들어오고, 심장은 자신의 떨림을 감출 곳을 찾지 못한다. 오히려 유혹이 내민 손길에 부끄러운 떨림이 잦아들고 있다. 그 여운이 맴도는 자리에 살며시 사랑이 피어난다. 그에게서 오는 매혹의 힘은 진정성에 있다. 다가가는 만큼 열어주고 드러내며, 있는 그대로를 보여준다. 어느덧 그는 화분에서 건너와 심장에 뿌리를 내렸으며, 매일 자신의 수액을 혈관에 흘려보내고, 붉은 피는 그의 물관과 체관을 통해 솟구친다. 그리고 이슬도 채 마르지 않은 한적한 어느 아침, 그가 꽃을 피웠다.

참고문헌

Greenfield, Susan, 『마인드 체인지』, 북라이프, 2015.

Kaku, Michio, 『마음의 미래』, 김영사, 2015.

Kandel, Eric R, 『통찰의 시대』, RH Korea, 2014.

Kurzweil, Ray, 『마음의 탄생』, 크레센도, 2013.

Mindell, Arnold, 『양자심리학 – 심리학과 물리학의 경계』, 학지사, 2011.

Penrose, Roger, 『마음의 그림자』, 승산, 2014.

Ward, Jamie, 『소리가 보이는 사람들』, 흐름출판, 2015.

강봉균 외 8명, 『뇌 Brain』, 재단법인 카오스, 2016.

배철진, 『집중과 물러남의 요가철학』, 운주사, 2015.

Adiswarananda, Swami. *Meditation & Its Practices - A Definitive Guide to Techniques and Traditions of Meditation in Yoga and Vedanta.* Kolkata: Advaita Ashrama, 2008.

Bharati, Veda. *Yoga-Sutras of Patanjali – with the exposition of Vyasa* (Vol.I). Honesdale: Himalayan International Institute Press, 1986.

＿＿＿＿＿＿＿. *Yoga-Sutras of Patanjali – with the exposition of Vyasa* (Vol. II). Delhi: Motilal Banarsidass Publishers, 2001.

Frawley, David. *Vedantic Meditation – Lighting the flame of awareness.* New Delhi: FULL CIRCLE Publishing, 2002.

Krishnananda, Swami. *The Study and Practice of Yoga - the Exposition of the Yoga Sutras of Patanjali* (Vol. I. II). Rishikesh: The Divine Life Society, 2006. 2007.

Lakshman Joo, Swami. *VIJÑĀNA BHAIRAVA – The Practice of Centering Awareness.* Varanasi: INDICA, 2002.

Satyananda, Swami. *Sure Ways to Self-Realization.* Munger: Yoga Publications Trust, 1980.

—————————. *Yoga and Kriya.* Munger: Yoga Publications Trust, 1981.

Satyasangananda Saraswati. *Sri Vijnana Bhairava Tantra – The Ascent.* Munger: Yoga Publications Trust, 2003.

Swahananda, Swami. *Meditation and other spiritual disciplines.* Kolkata: Advaita Ashrama, 1983.

소야小野 배철진

가톨릭 집안에서 태어나 자연스럽게 종교적 윤리관에 젖으며 성장하였지만, 한편으로 세상을 구하지 못하는 종교에 대한 회의감도 함께 가지게 되었다. 이런 괴리를 해결하기 위해 가톨릭신학대학에 입학1986년하여 9년간 신학 공부를 하였지만 고통스런 부조화의 연속이었다. 결국 그의 신앙과 생각들이 사제로서 적합하지 않다는 이유로, 졸업과 동시에 가톨릭 교회에서 추방되었다.

이후 그는 어떤 도그마에도 붙잡히려 하지 않았다. 생각의 자유가 아닌 존재의 자유를 위해 1995년부터 방랑을 시작했다. 수년 간 히말라야를 돌아다녔으며, 미얀마에서 출가하여 승려로 살았다. 하지만 그는 자신이 더 성장해야 할 필요성을 자각, 인도 하리드와르Haridwar에 있는, 특별히 요가문화의 발전을 위해 설립된 데브 산스끄리티 대학에서 요가학을 전공하고, 2015년 박사 학위를 취득하였다.

그는 자신이 공부하며 이해한 요가를 현대에 맞게 새롭게 해석, 이를 SEE YOGA라는 이름으로 전하고자 한다. 그는 인간의 진화를 애기한다. 요가를 통해서 인간에게 아직 미지의 세계로 남아 있는 영역을 함께 탐구하고자 한다. 따라서 그는 자신을 인간을 연구하는 과학자라고 말한다. 요가는 인간이 자신을 이해해 가는 구체적이고 실천적인 방법이기 때문이다.

지은 책으로 『집중과 물러남의 요가철학』과 『지니와 빠룰의 우파니샤드』가 있다.

명상 매뉴얼

초판 1쇄 인쇄 2018년 10월 12일 | **초판 1쇄 발행** 2018년 10월 19일
지은이 배철진 | **펴낸이** 김시열
펴낸곳 도서출판 자유문고
    (02832) 서울시 성북구 동소문로 67-1 성심빌딩 3층
    전화 (02) 2637-8988 | 팩스 (02) 2676-9759
ISBN 978-89-7030-128-0 03150 값 15,000원
http://cafe.daum.net/jayumungo (도서출판 자유문고)